Gustav Freytag

Dramatische Werke

e-artnow 2018

Johann Wolfgang von Goethe
Gesammelte Werke: Dramen, Gedichte, Romane, Novellen, Essays, Autobiografische Schriften (Über 1000 Titel in einem Buch): Biografien ... + Elegien + Xenien + Sonette und viel mehr

Friedrich Schiller
Gesammelte Werke: Dramen, Gedichte, Erzählungen, Theoretische Schriften und Historiografische Werke (Über 300 Titel in Einem Buch): ... Geschichte des dreißigjährigen Kriegs..)

Achim von Arnim
Die Gleichen

August von Platen
Gesammelte Werke: Gedichte + Dramen + Historiografische Werke + Märchen + Biografie: Der romantische Ödipus + Rosensohn + Geschichte ... + Balladen + Sonette + Oden + Hymnen...

Gotthold Ephraim Lessing
Gesammelte Werke: Dramen + Fabeln + Erzählungen + Gedichte + Philosophische Schriften (285 Titel in einem Buch): Nathan der Weise ... Hamburgische Dramaturgie + Der Freigeist...

Gustav Freytag

Dramatische Werke

Bühnenwerke Die Journalisten und Graf Waldemar des Autors von "Die Ahnen" und "Soll und Haben"

e-artnow, 2018
Kontakt: info@e-artnow.org

ISBN 978-80-273-1965-7

Inhaltsverzeichnis

Die Journalisten

Personen:

Oberst a. D. Berg.
Ida, *seine Tochter.*
Adelheid Runeck.
Senden, *Gutsbesitzer.*
Professor Oldendorf, *Redacteur der Zeitung »Union«.*
Konrad Bolz, *Redacteur der Zeitung »Union«.*
Bellmaus, Kämpe *und* Körner, *Mitarbeiter der Zeitung »Union«.*
Buchdrucker Henning, *Eigenthümer der Zeitung »Union«.*
Müller, *Factotum.*
Blumenberg, *Redacteur der Zeitung »Coriolan«.*
Schmock, *Mirarbeiter der Zeitung »Coriolan«.*
Piepenbrink, *Weinhändler und Wahlmann.*
Lotte, *seine Frau.*
Bertha, *ihre Tochter.*
Kleinmichel, *Bürger und Wahlmann.*
Fritz, *sein Sohn.*
Justizrat Schwarz.
Eine fremde Tänzerin.
Korb, *Schreiber vom Gute Adelheids.*
Karl, *Bedienter des Obersten.*
Ein Kellner.
Ressourcengäste. Deputationen der Bürgerschaft.

Ort der Handlung: die Hauptstadt einer Provinz.

Erster Akt.

Erste Szene.

Gartensaal im Hause des Obersten. Reiche Decoration. In der Mitte der Hinterwand eine offene Thür, dahinter eine Veranda und der Garten, an den Seiten der Hinterwand große Fenster. Rechts und links Thüren, rechts ganz im Vordergrunde ein Fenster. – Tische, Stühle, ein kleines Sopha.

Ida sitzt im Vordergrunde rechts, in einem Buche lesend; Oberst tritt zur Mittelthür herein, in der Hand eine offene Schachtel, in welcher Georginen liegen.

Oberst. Hier, Ida, sind die neuen Sorten der Georginen, welche unser Gärtner gezogen hat, du sollst Namen für sie erfinden, denke darüber nach. Uebermorgen ist Sitzung des Vereins für Gartenbau, da will ich unsere neuen Sorten vorzeigen und die Namen angeben.

Ida. Hier die helle soll »Adelheid« heißen.

Oberst. »Adelheid Runeck«, das versteht sich! – Dein eigner Name ist nicht zu brauchen, denn du bist als kleine Georgine schon lange im Blumenhandel.

Ida. Eine soll heißen wie Ihr Lieblingsdichter »Boz«.

Oberst. Vortrefflich, und das muß eine recht prächtige sein, hier die gelbe mit violetten Spitzen. – Und die dritte, wie taufen wir die?

Ida *(bittend ihre Hand dem Vater hinhaltend).* »Eduard Oldendorf«.

Oberst. Was? der Professor? der Redacteur? Nein, das ist nichts! – Es war schon arg genug, daß er die Zeitung übernahm; daß er sich aber jetzt von seiner Partei hat verleiten lassen, als Wahlcandidat für die Kammern aufzutreten, das kann ich ihm gar nicht verzeihen.

Ida. Da kommt er selbst!

Oberst *(für sich).* Sonst war mir's eine Freude, seinen Fußtritt zu hören; jetzt muß ich an mich halten, daß ich nicht unhöflich werde, so oft ich ihn sehe.

Oldendorf.

Oldendorf. Guten Morgen, Herr Oberst!

Ida *(ihm freundlich entgegen).* Guten Morgen, Oldendorf. – Helfen Sie mir die neuen Georginen bewundern, die der Vater gezogen hat.

Oberst. Bemühe doch den Professor nicht, solcher Tand ist nichts mehr für ihn, er hat Größeres im Kopfe.

Oldendorf. Jedenfalls bin ich nicht unfähig geworden, mich über das zu freuen, was Ihnen Freude macht.

Oberst *(brummend, für sich).* Das haben Sie mir nicht gerade bewiesen, ich fürchte, Sie finden ein Vergnügen darin, zu thun, was mich ärgert. – Sie haben wohl jetzt viel zu thun mit Ihrer Wahl, Herr Abgeordneter in Hoffnung?

Oldendorf. Sie wissen, Herr Oberst, daß ich selbst am wenigsten dabei zu thun habe.

Oberst. Ich denke doch. Es ist ja sonst Brauch bei solchen Wahlen, daß man einflußreichen Personen den Hof macht und den Wählern die Hand drückt, Reden hält, Versprechungen um sich streut und wie die Teufeleien alle heißen.

Oldendorf. Sie glauben selbst nicht, Herr Oberst, daß ich etwas Unwürdiges thun werde.

Oberst. Nicht? – Ich bin nicht sicher, Oldendorf. Seit Sie Journalist geworden sind, Ihre Union redigieren und dem Staat alle Tage vorhalten, wie mangelhaft er eingerichtet ist, seit der Zeit sind Sie nicht mehr der Alte.

Oldendorf *(der sich bis dahin mit Ida über die Blumen unterhalten, sich zum Oberst wendend).* Steht das, was ich jetzt sage oder schreibe, in Widerspruch mit meinen früheren Ansichten? Sie werden mir das schwerlich nachweisen können. Und noch weniger werden Sie in meinem Gefühl und Benehmen Ihnen gegenüber eine Aenderung bemerkt haben.

Oberst *(verstockt)*. Nun, das wäre ja recht schön. – Ich will mir den Morgen nicht durch Streit verderben, Ida mag zusehen, ob sie besser mit Ihnen zurechtkommt. Ich gehe zu meinen Blumen. *(Nimmt die Schachtel, ab nach dem Garten)*.

Oldendorf. Woher kommt die üble Laune des Vaters? Hat ihn wieder etwas aus der Zeitung geärgert?

Ida. Ich glaube nicht. Es ist ihm aber schmerzlich, daß Sie jetzt in der Politik auf's neue in die Lage kommen, Maßregeln anzurathen, die er haßt, und Einrichtungen anzugreifen, die er verehrt. – *(Schüchtern)* Oldendorf, ist es denn nicht möglich, daß Sie sich von der Wahl zurückziehen?

Oldendorf. Es ist unmöglich.

Ida. Ich würde Sie hier behalten und der Vater könnte seine gute Laune wieder gewinnen, denn er würde Ihnen das Opfer, welches Sie ihm bringen, sehr hoch anrechnen. Wir dürfen dann hoffen, daß unsere Zukunft wieder so friedlich wird, wie die Vergangenheit war.

Oldendorf. Ich weiß das, Ida, und ich habe bei der Aussicht, Abgeordneter dieser Stadt zu werden, jedes andere Gefühl, nur keine Freude, und doch kann ich nicht zurücktreten.

Ida *(sich abwendend)*. Der Vater hat Recht, seit Sie die Zeitung redigieren, sind Sie ein Anderer geworden.

Oldendorf. Ida! auch Sie? Wenn diese Verstimmung zwischen uns beide tritt, dann werde ich sehr arm.

Ida. Lieber Eduard! – ich bin nur traurig, daß ich Sie so lange entbehren soll.

Oldendorf. Noch bin ich nicht gewählt! Werde ich Deputirter und geht es nach mir, so führe ich Sie nach der Residenz, um Sie nie wieder von meiner Seite zu lassen.

Ida. Ach, Eduard, daran dürfen wir jetzt nicht denken. – Schonen Sie nur den Vater.

Oldendorf. Sie hören, ich ertrage viel von ihm. Auch gebe ich die Hoffnung nicht auf, daß er sich mir versöhnt. Wenn diese Wahl vorüber ist, dann will ich noch einmal bei seinem Herzen anfragen. Vielleicht erobere ich einen günstigen Bescheid und unsere Vereinigung.

Ida. Sein Sie nur recht aufmerksam auf seine kleinen Liebhabereien. Er ist im Garten bei seinem Georginenbeet, freuen Sie sich über die bunten Farben. Wenn Sie recht geschickt sind, nennt er vielleicht noch eine Eduard Oldendorf. Wir haben schon darüber verhandelt; kommen Sie! *(Beide ab.)*

Senden, Blumenberg, Karl, Schmock.

Senden *(eintretend)*. Ist der Herr Oberst allein?

Karl. Herr Professor Oldendorf ist bei ihm.

Senden. Melden Sie uns. *(Karl ab.)* – Immer noch dieser Oldendorf! Hören Sie, Blumenberg, die Verbindung des alten Herrn mit der Union muß ein Ende nehmen. Er gehört nicht vollständig zu uns, so lange der Professor hier aus- und eingeht. Wir brauchen die einflußreiche Person des Obersten –

Blumenberg. Und sein Haus ist das erste in der Stadt, die beste Gesellschaft, gute Weine und Kunst!

Senden. Außerdem habe ich meine Privatgründe, den Obersten für uns zu gewinnen; und überall ist uns der Professor und seine Clique im Wege.

Blumenberg. Die Freundschaft wird ein Ende nehmen. Ich versprechen Ihnen, daß sie ein Ende nehmen soll in diesen Wochen nach und nach. Der erste Schritt dazu ist gethan. Die Herren von der Union sind in die Falle gegangen.

Senden. In welche Falle?

Blumenberg. Die ich ihnen in unserer Zeitung gestellt habe. – *(Sich umwendend zu Schmock, der an der Thür steht.)* Warum stehen Sie hier, Schmock? können Sie nicht am Thor warten?

Schmock. Ich bin gegangen, wo Sie gegangen sind. Warum soll ich nicht hier stehen? Ich kenne den Obersten so gut, wie Sie.

Blumenberg. Sein Sie nicht dreist, sein Sie nicht insolent. Gehen Sie und warten Sie am Thor, und wenn ich Ihnen den Artikel bringe, so laufen Sie damit schnell nach der Druckerei. Verstehen Sie?

Schmock. Was soll ich nicht verstehen, wenn Sie schreien wie ein Rabe? *(Ab.)*

Blumenberg *(zu Senden)*. Er ist ein ordinärer Mensch, aber er ist brauchbar! Jetzt sind wir allein, hören Sie. Neulich, als Sie mich hier einführten, habe ich den Obersten gebeten und gedrängt, daß er doch einmal seine Gedanken über die Zeitereignisse niederschreiben solle.

Senden. Ja leider! Sie haben ihm grob genug geschmeichelt, aber der alte Herr fing doch Feuer.

Blumenberg. Was er geschrieben hatte, haben wir ihn gebeten vorzulesen; er hat's vorgelesen, wir haben's gelobt.

Senden. Es war aber sehr langweilig.

Blumenberg. Ich habe ihn darum gebeten für unsere Zeitung.

Senden. Leider! und ich muß jetzt dicke Artikel in Ihre Druckerei tragen. Diese Aufsätze sind zu schwerfällig; für den Coriolan sind sie kein Gewinn.

Blumenberg. Ich habe sie doch mit Vergnügen abgedruckt. Wenn einer für ein Blatt geschrieben hat, so wird er ein guter Freund des Blattes. Der Oberst hat sogleich auf den Coriolan abonnirt und hat mich den Tag darauf zu Tisch geladen.

Senden *(achselzuckend)*. Wenn das der ganze Gewinn ist!

Blumenberg. Es ist nur der Anfang. – Die Artikel sind ungeschickt, warum soll ich's nicht sagen!

Senden. Das weiß Gott!

Blumenberg. Und Niemand weiß, wer der Verfasser ist.

Senden. So verlangte der alte Herr! Ich glaube, er hat Angst vor Oldendorf.

Blumenberg. Deshalb ist es gekommen, wie ich gedacht habe. Oldendorfs Zeitung hat heute diese Artikel angegriffen. Hier ist die neueste Nummer der Union.

Senden. Zeigen Sie her. – Das wird ja eine famose Confusion! Ist der Angriff grob?

Blumenberg. Der Oberst wird ihn sicher für grob halten. Glauben Sie, daß uns das helfen wird gegen den Professor?

Senden. Sie sind auf Ehre der schlaueste Teufel, der je aus einem Tintenfaß gekrochen ist.

Blumenberg. Geben Sie her, der Oberst kommt.

Oberst.

Oberst. Guten Morgen, meine Herren! – *(bei Seite)* Und gerade ist Oldendorf hier, wenn er jetzt nur im Garten bliebe! – Nun, Herr Redacteur, was macht der Coriolan?

Blumenberg. Unsere Leser bewundern die neuen Artikel mit dem Pfeil. Habe ich vielleicht Hoffnung, wieder etwas –

Oberst *(ein Manuscript aus der Tasche ziehend, sich umsehend)*. Ich vertraue Ihrer Discretion. Ich wollte es eigentlich noch einmal durchlesen wegen des Periodenbaues.

Blumenberg. Das macht sich am besten bei der Revision.

Oberst. Ich glaube, es wird angehen. Nehmen Sie; aber reinen Mund gehalten, –

Blumenberg. Sie erlauben, daß ich es sogleich nach der Druckerei schicke. *(An der Thür.)* Schmock!

(Schmock erscheint an der Thür, nimmt das Manuscript, schnell ab.)

Senden. Blumenberg hält das Blatt wacker, aber er hat Feinde, er muß sich tüchtig wehren.

Oberst *(vergnügt)*. Feinde? Wer hat die nicht! Aber die Herren Journalisten haben Nerven, wie die Frauen! Alles regt euch auf, jedes Wort, das Jemand gegen euch sagt, empört euch! Geht mir, ihr seid empfindliche Leute.

Blumenberg. Vielleicht haben Sie Recht, Herr Oberst. Aber wenn man Gegner hat, wie diese Union –

Oberst. Ja, die Union, die ist auch beiden ein Dorn im Auge. Ich lobe Vieles nicht, was darin steht; aber was wahr ist, gerade im Alarmschlagen, in der Attake, im Einhauen ist sie geschickter, als Ihr Blatt. Die Artikel sind witzig; auch wenn sie Unrecht haben, man muß doch darüber lachen.

Blumenberg. Nicht immer. In dem heutigen Angriff auf die besten Artikel, die der Coriolan seit lange gebracht hat, sehe ich gar keinen Witz.

Oberst. Angriff auf welche Artikel?

Blumenberg. Auf die Ihrigen, Herr Oberst. Ich muß das Blatt bei mir haben. *(Sucht und gibt ihm ein Blatt der Union).*

Oberst. Oldendorfs Zeitung greift meine Aufsätze an! *(Liest)* »Wir bedauern eine solche Unkenntniß« –

Blumenberg. Und hier –

Oberst. »Es ist eine unverzeihliche Anmaßung« – Was, ich wäre anmaßend?

Blumenberg. Und hier –

Oberst. »Man kann zweifeln, ob die Naivetät des Einsenders komisch oder traurig ist, jedenfalls hat er kein Recht mitzusprechen« – *(das Blatt wegwerfend)* O, das ist nichtswürdig! Das sind Gemeinheiten!

Ida, Oldendorf (aus dem Garten).

Senden. Jetzt bricht das Wetter los!

Oberst. Herr Professor, Ihre Zeitung macht Fortschritte. Zu den schlechten Grundsätzen kommt jetzt noch etwas Anderes, die Gemeinheit.

Ida *(erschrocken)*. Vater!

Oldendorf *(vortretend)*. Herr Oberst, was berechtigt Sie zu diesem kränkenden Wort?

Oberst *(ihm die Zeitung hinhaltend)*. Sehen Sie hierher! *Das* steht in Ihrer Zeitung. In *Ihrer* Zeitung, Oldendorf!

Oldendorf. Die Haltung des Angriffs ist nicht ganz so ruhig, wie ich gewünscht hätte –

Oberst *(ihn unterbrechend)*. Nicht ganz so ruhig! Wirklich nicht?

Oldendorf. In der Sache selbst hat der Angriff Recht.

Oberst. Herr, das wagen Sie mir zu sagen?

Ida. Vater!

Oldendorf. Herr Oberst, ich begreife diese Stimmung nicht, und ich bitte Sie darauf Rücksicht zu nehmen, daß wir vor Zeugen sprechen.

Oberst. Fordern Sie keine Rücksichten. An Ihnen wäre es gewesen, Rücksicht gegen den Mann zu beobachten, dessen Freundschaft Sie sonst so sehr in Anspruch nehmen.

Oldendorf. Haben Sie vor Allem die Aufrichtigkeit, mir zu sagen, in welcher Verbindung Sie selbst mit den angegriffenen Artikeln des Coriolan stehen.

Oberst. In einer sehr zufälligen Verbindung, welche in Ihren Augen zu unbedeutend ist, um Berücksichtigung zu verdienen. Die Artikel sind von mir!

Ida. O mein Gott!

Oldendorf *(heftig)*. Von Ihnen? Artikel im Blatte dieses Herrn?

Ida *(flehend)*. Oldendorf!

Oldendorf *(ruhiger)*. Die Union hat nicht Sie angegriffen, sondern einen Unbekannten, der für uns nichts als ein Parteigenosse dieses Herrn war. Sie hätten uns beiden diese peinliche Scene erspart, wenn Sie mir kein Geheimniß daraus gemacht hätten, daß Sie ein Correspondent des Coriolan sind.

Oberst. Sie werden es ertragen müssen, daß ich Sie auch ferner nicht zum Vertrauten meiner Handlungen mache. Sie haben mir hier einen gedruckten Beweis von Freundschaft gegeben, der mich nach anderen nicht lüstern macht.

Oldendorf *(seinen Hut nehmend)*. Und ich kann Ihnen nur die Erläuterung geben, daß ich den Vorfall tief bedauere, mich aber außer aller Schuld fühle. Ich hoffe, Herr Oberst, daß Sie bei ruhiger Prüfung dieselbe Ansicht gewinnen werden. Leben Sie wohl, Fräulein. Ich empfehle mich Ihnen. *(Ab bis zur Mittelthür.)*

Ida *(flehend)*. Vater, laß ihn nicht so von uns gehen!

Oberst. Es ist besser, als wenn er bleibt.

Adelheid.

Adelheid *(in elegantem Reisekleid eintretend, trifft an der Thür mit Oldendorf zusammen)*. Nicht so schnell, Herr Professor!

Oldendorf *(küßt ihr die Hand, ab)*.

Ida. Adelheid! *(Eilt in ihre Arme.)*

Oberst *(zugleich)*. Adelheid! Und gerade jetzt!

Adelheid *(Ida an sich haltend, nach dem Obersten die Hand ausstreckend)*. Geben Sie Ihrem Landmädchen die Hand. Die Tante grüßt und Gut Rosenau empfiehlt sich demüthig in seinem braunen Herbstkleide. Die Felder sind leer und im Garten tanzt das dürre Laub mit dem Winde. – Ah, Herr von Senden!

Oberst *(vorstellend)*. Herr Redacteur Blumenberg!

Senden. Wir sind entzückt, unsere eifrige Landwirthin in der Stadt zu begrüßen.

Adelheid. Und wir hätten uns gefreut, unserm Gutsnachbar manchmal auf dem Lande zu begegnen.

Oberst. Er hat hier viel zu thun, er ist ein großer Politiker und arbeitet eifrig für die gute Sache.

Adelheid. Ja, ja, wir lesen von seinen Thaten in der Zeitung. – Ich bin gestern über Ihr Feld gefahren, Ihre Kartoffelernte ist noch nicht beendet, Ihr Amtmann ist nicht fertig geworden.

Senden. Die Rosenauer haben das Vorrecht, acht Tage eher fertig zu sein, als jeder Andere.

Adelheid. Dafür verstehen wir auch nichts Anderes als unsere Wirthschaft. *(Freundlich)* Die Nachbarschaft läßt Sie grüßen.

Senden. Ich danke. Wir gönnen Sie jetzt Freunden, die näheres Anrecht an Sie haben, aber Sie bewilligen mir noch heut eine Audienz, damit ich die Neuigkeiten unserer Gegend von Ihnen erbitte.

Adelheid *(verneigt sich)*.

Senden. Leben Sie wohl, Herr Oberst, *(zu Ida)* ich empfehle mich Ihrer Gnade, Fräulein. *(Ab mit Blumenberg.)*

Ida *(Adelheid umarmend)*. Ich habe dich! Jetzt wird alles gut werden!

Adelheid. Was soll gut werden? Ist etwas *nicht* gut? Dort hinten ging Jemand schneller an mir vorüber, als sonst seine Art ist – und hier sehe ich feuchte Augen und eine gefurchte Stirn. *(Küßt sie auf die Augen)* Sie sollen dir die hübschen Augen nicht verderben. – Und Sie, mein würdiger Freund, machen Sie mir ein freundliches Gesicht.

Oberst. Sie bleiben den Winter über bei uns, es ist seit langer Zeit der erste, den Sie uns schenken; wir wollen diese Gunst zu verdienen suchen.

Adelheid *(ernst)*. Es ist der erste seit dem Tode meines Vaters, an dem ich Lust habe, wieder mit der Welt zu verkehren. Außerdem habe ich Geschäfte hier. Sie wissen, ich bin in diesem Sommer mündig geworden, und unser Rechtsfreund, Justizrath Schwarz, fordert meine Anwesenheit. – Höre, Ida, die Leute packen aus, geh' zum Rechten sehen! *(bei Seite)* und halte ein feuchtes Tuch über die Augen, man sieht, daß du geweint hast. *(Ida ab nach rechts, Adelheid schnell zum Obersten tretend.)* Was ist das mit Ida und dem Professor?

Oberst. Da wäre viel zu reden! Ich will mir jetzt die Freude nicht verderben. Es geht nicht recht mit uns Männern, die Ansichten sind zu verschieden.

Adelheid. Waren die Ansichten früher nicht auch verschieden? Und doch war Ihr Verhältniß zu Oldendorf so gut.

Oberst. So verschieden waren sie doch nicht.

Adelheid. Und welcher von Ihnen hat sich geändert?

Oberst. Hm! doch wohl er! Er wird zu Vielem verleitet durch seine schlechte Umgebung; da sind einige Menschen, Journalisten seiner Zeitung, vor allen ein gewisser Bolz.

Adelheid *(bei Seite)*. Was muß ich hören!

Oberst. Aber Sie kennen ihn wohl selbst, er stammt ja aus Ihrer Gegend.

Adelheid. Er ist ein Rosenauer Kind.

Oberst. Ich erinnere mich. Schon Ihr seliger Vater, mein braver General, konnte ihn nicht leiden.

Adelheid. Wenigstens hat er das zuweilen gesagt.

Oberst. Seitdem ist dieser Bolz ein excentrischer Mensch geworden. Er soll unregelmäßig leben, und seine Sitten scheinen mir ziemlich frei zu sein. Er ist Oldendorfs böser Engel.

Adelheid. Das wäre traurig! – Nein, das glaube ich nicht!

Oberst. Was glauben Sie nicht, Adelheid?

Adelheid *(lächelnd)*. Ich glaube nicht an böse Engel. – Was zwischen Ihnen und Oldendorf schlimm geworden ist, kann wieder gut werden. Heute Feind, morgen Freund, heißt es in der Politik; aber Ida's Gefühl wird sich nicht so schnell ändern. – Herr Oberst, ich habe ein prächtiges Modell zu einem Kleide mitgebracht, das neue Kleid will ich diesen Winter als Brautjungfer tragen.

Oberst. Daran ist nicht zu denken! So lasse ich mich nicht fangen, Mädchen. Ich spiele den Krieg in Feindesland. Warum treiben Sie andere Leute zum Altar, und Sie selbst müssen erleben, daß Ihre ganze Nachbarschaft Sie spottend die Dornenrose und den jungfräulichen Landwirth nennt.

Adelheid *(lachend)*. Ja, das thut sie.

Oberst. Die reichste Erbin der ganzen Gegend! umschwärmt von einem Heer Anbeter, und so fest verschlossen gegen jedes Gefühl; Niemand kann sich das erklären!

Adelheid. Mein Oberst, wenn unsere jungen Herren so liebenswürdig wären, wie gewisse ältere – ach, aber das sind sie nicht.

Oberst. Sie entschlüpfen mir nicht. Wir wollen Sie festhalten in der Stadt, bis unter unsern jungen Männern einer gefunden ist, den Sie für würdig halten, unter Ihr Commando zu treten; denn, wen Sie auch zum Gemahl wählen, es wird ihm gehen, wie mir, er wird zuletzt doch immer nach Ihrem Willen thun müssen.

Adelheid *(schnell)*. Wollen Sie nach meinem Willen thun mit Ida und dem Professor? – Jetzt halte ich Sie fest.

Oberst. Wollen Sie mir den Gefallen thun und diesen Winter bei uns Ihre Gattenwahl halten? – Ja? Jetzt habe ich Sie gefangen.

Adelheid. Es gilt! schlagen Sie ein! *(Hält ihm die Hand hin.)*

Oberst *(einschlagend, lacht)*. Das war überlistet! *(Ab durch die Mittelthür.)*

Adelheid *(allein)*. Ich denke, nein! – Wie, Herr Konrad Bolz, ist das Ihr Lob unter den Leuten? Sie leben unregelmäßig? Sie haben freie Sitten? Sie sind ein böser Engel? –

Korb.

Korb *(aus der Mittelthür mit einem Packet)*. Wo soll ich die Rechnungsbücher und Papiere hintragen, gnädiges Fräulein?

Adelheid. In mein Zimmer. – Hören Sie, lieber Korb – haben Sie Ihre Stube hier in Ordnung gefunden?

Korb. Auf's allerschönste. Der Bediente hat mir zwei Stearinlichter hineingestellt; es ist reine Verschwendung.

Adelheid. Sie sollen heut den ganzen Tag für mich keine Feder anrühren; ich will, daß Sie sich die Stadt ansehen und Ihre Bekannten besuchen. Sie haben doch Bekannte hier?

Korb. Nicht gerade viel, es ist über ein Jahr her, daß ich nicht hier war.

Adelheid *(gleichgültig)*. Sind denn keine Rosenauer hier?

Korb. Unter den Soldaten sind vier aus dem Dorfe. Da ist der Johann Lutz vom Schimmellutz –

Adelheid. Ich weiß. – Ist sonst Niemand aus dem Dorfe hier, den Sie kennen?

Korb. Sonst Niemand, natürlich außer ihm –

Adelheid. Außer ihm? Wer ist das?

Korb. Nun, unser Herr Konrad.

Adelheid. Richtig, der! Besuchen Sie den nicht? Ich denke, ihr seid immer gute Freunde gewesen.

Korb. Ob ich den besuche? Mein erster Gang ist zu ihm. Ich habe mich während der ganzen Reise darauf gefreut. Das ist eine treue Seele, auf den kann das Dorf stolz sein.

Adelheid *(warm)*. Ja, der hat ein treues Herz!

Korb *(eifrig)*. Immer lustig und immer freundlich, und wie er am Dorfe hängt! Der arme Herr, er ist so lange nicht dort gewesen.

Adelheid. Still davon!

Korb. Der wird mich ausfragen, nach der Wirthschaft –

Adelheid *(eifrig)*. Und nach den Pferden. Der alte Falbe, auf dem er so gern ritt, lebt noch.

Korb. Und nach den Sträuchern, die er mit Ihnen gepflanzt hat.

Adelheid. Besonders der Fliederbusch, wo jetzt meine Laube steht; sagen Sie ihm das nur.

Korb. Und nach dem Teiche. Sechzig Schock Karpfen.

Adelheid. Und ein Schock Goldschleien, vergessen Sie das nicht. Und der alte Karpfen mit dem Kupferring am Leibe, den er ihm umgelegt, ist bei dem letzten Fischzug mit herausgekommen, wir haben ihn wieder eingesetzt.

Korb. Und wie wird er nach Ihnen fragen, gnädiges Fräulein!

Adelheid. Sagen Sie ihm, daß ich gesund bin.

Korb. Und wie Sie seit dem Tode des Herrn Generals die Wirthschaft führen; und daß Sie seine Zeitung halten, die lese ich nachher den Bauern vor.

Adelheid. Das brauchen Sie ihm gerade nicht zu sagen. *(Seufzend bei Seite)* Auf die Weise werde ich nichts erfahren! – *(Pause, mit Gravität)* Hören Sie, lieber Korb, ich habe allerlei über Herrn Bolz gehört, was mich gewundert hat. Er soll sehr wild leben.

Korb. Ja, das glaub' ich, ein wildes Füllen war er immer.

Adelheid. Er soll mehr Geld ausgeben, als er einnimmt.

Korb. Ja, das ist wohl möglich. Aber lustig gibt er's aus, davon bin ich überzeugt.

Adelheid *(bei Seite)*. Bei dem werde ich mir auch keinen Trost holen! – *(Gleichgültig)* Er hat doch jetzt eine gute Stellung, ob er sich nicht bald eine Frau suchen wird?

Korb. Eine Frau? – Nein, das thut er nicht, das ist nicht möglich.

Adelheid. Ich habe doch so etwas gehört; wenigstens soll er sich für eine junge Dame sehr interessiren, man spricht davon.

Korb. Das wäre ja – Nein, das glaube ich nicht. – *(Eilig)* Das will ich ihn doch gleich fragen.

Adelheid. Er selbst wird es Ihnen am wenigsten sagen; so etwas erfährt man von den Freunden und Bekannten eines Mannes. – Die Leute im Dorfe sollten's doch wissen, wenn einer aus Rosenau heiratet.

Korb. Freilich, dahinter muß ich kommen.

Adelheid. Das würden Sie sehr klug anfangen müssen, Sie wissen, wie schlau er ist.

Korb. O, ich will ihn schon überlisten. Ich werde etwas erfinden.

Adelheid. Gehen Sie, lieber Korb! *(Korb ab.)* – Das war eine traurige Nachricht, die mir der Oberst entgegentrug. Konrad sittenlos, unwürdig! Es ist unmöglich. So kann sich ein edler Sinn nicht verändern. Ich glaube kein Wort von Allem, was sie mir über ihn sagen. *(Ab.)*

Zweite Scene.

*Redactionszimmer der Union. Thüren in der Mitte und zu beiden Seiten. Im Vorder-
grund links ein Arbeitstisch mit Zeitungen und Papieren, rechts ein ähnlicher, kleinerer
Tisch, Stühle.*

Bolz aus der Seitenthür rechts, darauf Müller durch die Mittelthür.

Bolz *(eifrig)*. Müller! Factotum! Wo sind die Postsachen?

Müller *(behend mit einem Pack Briefe und Zeitungen)* Hier, Herr Bolz, ist die Post, – und hier
aus der Druckerei das Probeblatt unserer heutigen Abendnummer zur Revision.

Bolz *(am Tische links Briefe schnell öffnend, durchsehend und mit Bleistift bezeichnend)*. Ich habe
die Revision bereits gemacht, alter Schelm.

Müller Nicht ganz. Hier unten ist noch das Mannigfaltige, welches Herr Bellmaus den Set-
zern gegeben hat.

Bolz. Her damit! *(Liest in der Zeitung)* Wäsche vom Boden gestohlen – Drillinge geboren –
Concert, Concert, Vereinssitzung, Theater – Alles in Ordnung – Neuerfundene Locomotive; die
große Seeschlange gesehen *(Aufspringend)* Alle Wetter, kommt der wieder mit der alten Seeschlange! ich wollte, sie würde ihm als Gelee gekocht und er müßte sie kalt aufessen. *(Eilt zur
Thür rechts)* Bellmaus, Ungeheuer, komm hervor!

Bellmaus.

Bellmaus *(von rechts eintretend, die Feder in der Hand)*. Was gibt's? Wozu der Lärm?

Bolz *(feierlich)*. Bellmaus, als wir dir die Ehre erwiesen, dich mit Verfertigung der Nippessa-
chen für dieses Blatt zu betrauen, da war die Meinung nicht, daß du die ewige große Seeschlange durch die Spalten unserer Zeitung wälzen solltest! – – Wie konntest du die abgedroschene
Lüge wieder hineinsetzen?

Bellmaus. Sie paßte gerade, es fehlte an sechs Zeilen.

Bolz. Das ist eine Entschuldigung, aber keine gute. Erfinde deine eigenen Geschichten, wozu
bist du Journalist? Mache ein kleines »Eingesandt«, z. B. eine Betrachtung über Menschenleben im Allgemeinen, oder über das Umherlaufen von Hunden auf der Straße, oder suche eine
haarsträubende Geschichte heraus, vielleicht einen Meuchelmord aus Höflichkeit, oder wie ein
Hamster sieben schlafende Kinder erbissen hat, oder so etwas. – Es gibt so Vieles, was geschieht,
und so ungeheuer Vieles, was nicht geschieht, daß es einem ehrlichen Zeitungsschreiber nie
an Neuigkeiten fehlen darf.

Bellmaus. Gib her, ich will's ändern. *(Geht an den Tisch, sieht in ein gedrucktes Blatt, schneidet
mit einer großen Scheere einen Zettel davon ab und klebt ihn auf die Zeitungsnummer.)*

Bolz. Recht so, mein Sohn, thue das und bessere dich. – *(Die Thür rechts öffnend)* Kämpe,
können Sie einen Augenblick hereinkommen? *(Zu Müller, welcher an der Thür wartet)* Fort mit
der Revision nach der Druckerei! *(Müller erhält von Bellmaus das Blatt, eilt ab.)*

Kämpe.

Kämpe *(eintretend)*. Ich kann doch nichts Rechtes schreiben, wenn Sie solchen Lärm machen.

Bolz. So! Was haben Sie denn jetzt geschrieben? Doch höchstens einen Liebesbrief an eine
Tänzerin, oder eine Bestellung an Ihren Schneider?

Bellmaus. Nein, er schreibt zärtliche Briefe. Er ist ernsthaft verliebt, denn er führte mich
gestern im Mondenschein spazieren und sprach verächtlich von allen Getränken.

Kämpe *(der sich behaglich gesetzt hat)*. Ihr Herren, es ist unbillig, einen Menschen von der
Arbeit abzurufen, um so schlechte Witze zu machen.

Bolz. Ja, ja, er verleumdet Sie offenbar, wenn er behauptet, daß Sie etwas Anderes lieben, als
Ihre neuen Stiefeln, und ein klein wenig Ihre eigene Person. – Du selbst bist eine liebesprühen-
de Natur, kleiner Bellmaus. Du glühst wie ein Räucherkerzchen, so oft du eine junge Dame

siehst, du ziehst glimmend und räucherig um sie herum, und hast doch nicht den Muth, sie nur einmal anzureden. Aber man muß Nachsicht mit ihm haben, denn er ist von Haus aus lyrischer Dichter gewesen, deshalb ist er schüchtern, er erröthet vor den Frauen und ist noch schöner Wallungen fähig.

Bellmaus. Ich habe keine Lust, mir unaufhörlich meine Gedichte vorwerfen zu lassen; habe ich sie jemals euch vorgelesen?

Bolz. Nein, dem Himmel sei Dank, die Unverschämtheit hast du nie gehabt. – *(Ernsthaft)* Aber zum Geschäft, ihr Herren! Die heutige Nummer ist fertig, Oldendorf ist noch nicht hier, lassen Sie uns unterdeß vertrauten Rath halten. – Oldendorf *muß* Deputirter der Stadt für die nächsten Kammern werden, unsere Partei und die Union müssen das durchsetzen. Wie stehen unsere Actien heut?

Kämpe. So gut als möglich. Die Gegner geben zu, daß ihnen kein anderer Candidat so gefährlich wäre, und unsere Freunde haben überall die beste Hoffnung. Aber Sie wissen, wie wenig das bedeutet. – Hier ist das Verzeichnis der Wahlmänner. Unser Wahlcomité läßt Ihnen sagen, daß unserer Berechnungen richtig waren. Von den 100 Wahlmännern unserer Stadt gehören 40 mit Sicherheit zu uns, ungefähr ebenso viel stehen auf den Listen der Gegenpartei, der Rest von etwa 20 Stimmen ist unsicher. Es ist klar, daß die Wahl nur mit sehr kleiner Majorität vor sich gehen wird.

Bolz. Natürlich werden wir die Majorität haben, eine Majorität von 8-10 Stimmen, erzählen Sie das überall mit der größten Sicherheit. Mancher, der noch unentschlossen ist, kommt zu uns, wenn er hört, daß wir die stärkeren sind. Wo ist das Verzeichniß der unsicherern Wahlmänner? *(Sieht hinein.)*

Kämpe. Ich habe da Zeichen gemacht, wo nach der Meinung unserer Freunde ein Einfluß möglich wäre.

Bolz. Bei dem einen Namen sehe ich zwei Kreuze, was bedeuten die?

Kämpe. Das ist Piepenbrink, der Weinhändler Piepenbrink. Er hat einen großen Anhang in seinem Bezirk, ist ein wohlhabender Mann und soll über 5-6 Stimmen seiner Anhänger commandiren.

Bolz. Den müssen wir haben. Was ist's für eine Art Mann?

Kämpe. Er soll sehr grob sein und sich um Politik gar nicht kümmern.

Bellmaus. Er hat aber eine hübsche Tochter.

Kämpe. Was nützt seine hübsche Tochter! Ich wollte lieber, er hätte eine häßliche Frau, da wäre eher an ihn zu kommen.

Bellmaus. Die hat er auch, eine Dame mit kleinen Locken und feuerrothen Bändern an der Haube.

Bolz. Mit oder ohne Frau, der Mann muß unser werden. – Still, man kommt, das ist Oldendorfs Tritt. Er braucht von unsern Verhandlungen nichts zu wissen. Geht in euer Zimmer, ihr Herren, heut Abend das Weitere.

Kämpe *(an der Thür)*. Es bleibt doch dabei, daß ich in der nächsten Nummer den neuen Correspondenten des Coriolan, den mit dem Pfeil, wieder angreife.

Bolz. Ja wohl, gehen Sie ihm vornehm, aber tüchtig zu Leibe. Eine kleine Balgerei mit unsern Gegnern ist gerade jetzt vor den Wahlen nützlich; und die Artikel mit dem Pfeil geben große Blößen. *(Kämpe, Bellmaus ab.)*

Oldendorf (durch die Mittelthür).

Oldendorf. Guten Tag, Konrad.

Bolz. *(am Tische rechts über den Wahllisten)*. Dein Eingang sei gesegnet! Dort liegt die Correspondenz, es ist nichts Wichtiges.

Oldendorf. Hast du mich heut hier nöthig?

Bolz. Nein, mein Herzblatt, die Abendnummer ist fertig, für morgen schreibt Kämpe den Leitartikel.

Oldendorf. Worüber?

Bolz. Kleines Vorpostengefecht mit dem Coriolan. Wieder gegen den unbekannten Correspondenten mit dem Pfeil, welcher unsere Partei angegriffen hat. Aber sei ohne Sorge, ich habe dem Kämpe gesagt, er soll den Artikel würdig, sehr würdig halten.

Oldendorf. Um Alles nicht! Der Artikel darf nicht geschrieben werden.

Bolz. Ich verstehe dich nicht. Wozu hat man seine politischen Gegner, wenn man sie nicht angreifen darf?

Oldendorf. So höre. Diese Artikel sind von dem Obersten verfaßt, er selbst hat es mir heut gesagt.

Bolz. Alle Wetter!

Oldendorf *(finster)*. Du magst denken, daß dies Geständniß von andern Andeutungen begleitet war, welche meine Stellung zum Obersten und seinem Hause gerade jetzt sehr unbehaglich machen.

Bolz *(ernsthaft)*. Und was verlangt der Oberst von dir?

Oldendorf. Er wird sich mit mir aussöhnen, wenn ich die Redaction der Zeitung niederlege und als Wahlcandidat zurücktrete.

Bolz. Teufel, das ist wenig gefordert.

Oldendorf. Ich leide unter diesen Dissonanzen. Dir, mein Freund, kann ich das sagen.

Bolz *(an ihn tretend und ihm die Hand drückend)*. Feierlicher Augenblick männlicher Rührung!

Oldendorf. Sei jetzt wenigstens kein Hanswurst. – Du kannst dir denken, wie peinlich meine Stellung im Hause des Obersten geworden ist. Der würdige alte Herr entweder kalt oder heftig, die Unterhaltung mit beißenden Anspielungen gewürzt, Ida leidend, ich sehe oft, daß sie geweint hat. Siegt unsere Partei, werde ich Abgeordneter der Stadt, so fürchte ich, ist mir jede Hoffnung auf eine Verbindung mit Ida genommen.

Bolz *(eifrig)*. Und trittst du zurück, so erleidet unsere Partei einen empfindlichen Verlust. *(Schnell und nachdrücklich)* Die bevorstehende Sitzung der Kammern wird verhängnisvoll für den Staat. Die Parteien sind einander fast gleich. Jeder Verlust einer Stimme ist für unsere Sache ein Unglück. In dieser Stadt haben wir außer dir keinen Candidaten, dessen Popularität groß genug ist, seine Wahl wahrscheinlich zu machen. Entziehst du dich aus irgend einem Grunde der Wahl, so siegen unsere Gegner.

Oldendorf. Leider ist es, wie du sagst.

Bolz *(immer eifrig)*. Ich will dich nicht unterhalten von dem Vertrauen, das ich in deine Talente setze, ich bin überzeugt, du wirst in der Kammer und vielleicht als Mitglied der Regierung dem Lande nützen. Ich bitte dich, jetzt nur an die Pflichten zu denken, die du übernommen hast gegen unsere politischen Freunde, welche dir vertrauen, und gegen dies Blatt und uns, die wir drei Jahre fleißig gearbeitet haben, damit der Name Oldendorf, der an der Spitze des Blattes steht, zu Ansehen komme. Es handelt sich um deine Ehre und jeder Augenblick Schwanken in dir wäre ein Unrecht.

Oldendorf *(mit Haltung)*. Du wirst eifrig ohne Veranlassung. Auch ich halte es für Unrecht, mich zurückzuziehen, jetzt, wo man mir sagt, daß ich unserer Sache nöthig sei. Aber wenn ich dir, meinem Freunde, gestehe, daß mir dieser Entschluß ein großes Opfer kostet, so vergebe ich dadurch weder unserer Sache noch uns beiden etwas.

Bolz *(begütigend)*. Du hast ganz Recht, du bist ein ehrlicher Kamerad. Und so Friede, Freundschaft, Courage! Dein alter Oberst wird nicht unversöhnlich sein.

Oldendorf. Er ist mit Senden vertraut geworden, der ihm auf jede Weise schmeichelt und, wie ich fürchte, Pläne hat, welche auch mich nahe angehen. Ich würde noch mehr besorgt sein, wenn ich nicht gerade jetzt einen guten Anwalt im Hause des Obersten wüßte; Adelheid Runeck ist soeben angekommen.

Bolz. Adelheid Runeck? Die fehlte noch! *(Eilig in die Thür rechts hineinrufend)* Kämpe, der Artikel gegen den Ritter mit dem Pfeil wird *nicht* geschrieben. Verstehen Sie?

Kämpe.

Kämpe *(an der Thür, die Feder in der Hand)*. Was wird denn aber geschrieben.

Bolz. Das mag der Kuckuck wissen. – Hören Sie, vielleicht kann ich Oldendorf bewegen, daß er selbst den Leitartikel für morgen macht. Aber auf alle Fälle müssen Sie etwas bereit halten.

Kämpe. Was denn aber?

Bolz *(im Eifer)*. Schreiben Sie meinetwegen über die Auswanderung nach Australien, das wird doch keinen Anstoß erregen.

Kämpe. Gut. Soll ich dazu ermuntern oder abrathen?

Bolz *(schnell)*. Natürlich abrathen. Wir brauchen alle Leute, welche arbeiten wollen, bei uns im Lande. – Schildern Sie Australien als ein nichtswürdiges Loch, durchaus wahrhaft, aber möglichst schwarz. – Wie das Känguruh, in einen Klumpen geballt, mit unbezwinglicher Bosheit dem Ansiedler an den Kopf springt, während ihn das Schnabelthier hinten in die Beine zwickt; wie der Goldsucher im Winter bis an den Hals im Salzwasser stehen muß, während er im Sommer durch drei Monate keinen Schluck zu trinken hat, und wenn er das alles übersteht, zuletzt von diebischen Eingebornen aufgefressen wird. Machen Sie das recht anschaulich und ans Ende setzen Sie die neuesten Marktpreise der australischen Wolle aus der Times. Die nöthigen Bücher finden Sie in der Bibliothek. *(Wirft die Thür zu.)*

Oldendorf *(am Tische)*. Du kennst die Runeck? Sie fragt häufig in ihren Briefen an Ida nach dir.

Bolz. So? Ja, allerdings kenne ich sie. Wir sind aus demselben Dorf, sie vom Schlosse, ich aus dem Pfarrhaus, mein Vater hat uns zusammen unterrichtet. O ja, ich kenne sie!

Oldendorf. Wie kommt es, daß ihr einander so fremd geworden seid? Du sprichst nie von ihr.

Bolz. Hm! Das sind alte Geschichten, Familienzwistigkeiten, Montecchi und Capuleti. Ich habe sie seit langer Zeit nicht wieder gesehen.

Oldendorf *(lächelnd)*. Ich will nicht hoffen, daß auch euch die Politik entzweite.

Bolz. Etwas Politik war allerdings bei unserer Trennung im Spiel. – Du siehst, es ist ein allgemeines Unglück, daß Freundschaft durch das Parteileben vernichtet wird.

Oldendorf. Es ist traurig! In Glaubenssachen wird jeder gebildete Mensch die Ueberzeugung des Andern toleriren, und in der Politik behandeln wir einander wie Bösewichter, weil der eine um einige Schattirungen anders gefärbt ist als sein Nachbar.

Bolz *(bei Seite)*. Stoff für den nächsten Artikel! *(Laut)* – anders gefärbt ist als sein Nachbar, ganz meiner Meinung. Das muß in unserm Blatte gesagt werden. *(Bittend)* Höre, so ein kleiner tugendhafter Artikel: Ermahnung an unsere Wähler, Achtung vor unsern Gegnern! Denn sie sind ja unsere Brüder! *(Immer bittender)* Oldendorf, das wäre etwas für dich, in dem Thema ist Tugend und Humanität; das Schreiben wird dich zerstreuen und du bist dem Blatt einen Artikel schuldig, wegen der verbotenen Fehde. Thu mir die Liebe! Schreib dort in der Hinterstube, es soll dich Niemand stören.

Oldendorf *(lächelnd)*. Du bist ein gemeiner Intrigant!

Bolz *(ihn vom Stuhle nöthigend)*. Bitte, du findest Papier und Tinte dort. Komm, mein Schatz, komm. *(Begleitet ihn zur Thüre links, Oldendorf ab. Bolz hineinrufend)* Willst du eine Cigarre haben? Eine alte Ugues? *(Zieht ein Cigarrenetui aus der Tasche.)* Nicht? – Schreibe nur nicht zu wenig, es soll ein Hauptartikel werden! *(Schließt die Thür, ruft in die Thür rechts)* Der Professor schreibt den Artikel selbst, sorgen Sie, daß ihn Niemand stört. – *(Nach dem Vordergrund)* Das wäre abgemacht. – Adelheid hier in der Stadt? – Da will ich doch gleich zu ihr! – Halt, immer hübsch kaltblütig. Du, mein alter Bolz, bist nicht mehr der braune Bursch aus dem Pastorgarten, und wenn du's noch bist, *sie* ist längst eine Andere geworden. Das Gras ist gewachsen über dem Grabe einer gewissen kindlichen Neigung. Wozu trommelst du jetzt auf einmal so unruhig, liebe Seele? Sie ist hier in der Stadt gerade so weit von dir entfernt, als auf ihrem Gute. *(Sich setzend, mit einem Bleistift spielend)* Nichts über kaltes Blut! brummte der Salamander, als er im Ofenfeuer saß.

Korb.

Korb. Ist hier der Herr Bolz zu finden?

Bolz *(aufspringend)*. Korb! lieber Korb! Willkommen, herzlich willkommen! Das ist brav, daß Sie mich nicht vergessen haben. *(Schüttelt ihm die Hand)* Ich freue mich sehr Sie zu sehen.

Korb. Und erst ich! – Da sind wir in der Stadt! Das ganze Dorf läßt grüßen! Von Anton dem Pferdejungen – er ist jetzt Großknecht – bis zum alten Nachtwächter, dem Sie sein Horn damals auf die Thurmspitze gehängt haben. Nein, ist das eine Freude!

Bolz. Wie geht es dem Fräulein? erzählt, Alter!

Korb. Jetzt ganz vortrefflich. Aber es ist uns schlecht gegangen. Vier Jahre war der selige General krank, das war eine böse Zeit. Sie wissen, er war immer ein ärgerlicher Herr.

Bolz. Ja, er war schwer zu behandeln.

Korb. Und vollends in seiner Krankheit. Aber das Fräulein hat ihn gepflegt, so sanftmüthig und zuletzt so blaß, wie ein Lamm. Jetzt, seit er tot ist, führt das Fräulein allein die Wirthschaft und wie der beste Wirth, jetzt ist wieder gute Zeit im Dorfe. Ich werden Ihnen Alles erzählen, aber erst heute Abend, das Fräulein wartet auf mich, ich bin nur schnell hergesprungen, Ihnen zu sagen, daß wir hier sind.

Bolz. Nicht so eilig, Korb. – Also die Leute im Dorfe denken noch an mich.

Korb. Das will ich meinen. Kein Mensch kann sich erklären, warum Sie nicht zu uns kommen. – So lange der alte Herr noch lebte, ja das war etwas Anderes, aber jetzt –

Bolz *(ernst)*. Meine Eltern sind tot, im Pfarrhause wohnt ein Fremder!

Korb. Aber wir auf dem Schlosse leben ja noch! Das Fräulein würde sich gewiß freuen –

Bolz. Erinnert sie sich noch meiner?

Korb. Natürlich. Sie hat erst heut nach Ihnen gefragt.

Bolz. Was denn, Alter?

Korb. Sie frug mich, ob das wahr wäre, was die Leute sagen, daß Sie ein toller Christ geworden sind, Schulden machen, die Cour machen, Teufeleien machen.

Bolz. O weg! Sie haben mich gerechtfertigt?

Korb. Versteht sich! Ich habe ihr gesagt, daß sich bei Ihnen das alles von selbst versteht.

Bolz. Verwünscht! – So denkt sie von mir? – Hören Sie, Korb, Fräulein Adelheid hat wohl viele Freier?

Korb. Der Sand am Meer ist nichts dagegen.

Bolz *(ärgerlich)*. Zuletzt kann sie doch nur Einen wählen.

Korb *(schlau)*. Richtig! Aber wen? das ist die Frage.

Bolz. Wen denken Sie?

Korb. Ja, das ist schwer zu sagen. Da ist dieser Herr von Senden, der jetzt in der Stadt wohnt. Wenn einer Aussicht hat, wird er's wohl sein. Er ist geschäftig um uns, wie ein Wiesel. Eben erst, wie ich ausgehen will, schickt er ein ganzes Dutzend Eintrittskarten zu dem großen Ressourcen-Fest in unser Haus. Es muß so eine Ressource sein, wo die vornehmen Leute mit den Bürgern Arm in Arm gehen.

Bolz. Ja, es ist eine politische Gesellschaft, bei welcher Senden Director ist. Sie hält einen großen Fischzug nach Wahlmännern. Und der Oberst und die Damen werden hingehen?

Korb. So höre ich; auch ich habe ein Billet erhalten.

Bolz *(für sich)*. Ist es so weit gekommen? Der arme Oldendorf! – Und Adelheid beim Klubfest des Herrn von Senden!

Korb *(für sich)*. Wie fang' ich's nur an, daß ich hinter seine Liebschaften komme? *(Laut)* Ja, hören Sie, Herr Konrad, noch eins. Haben Sie vielleicht hier in diesem Geschäft einen recht guten Freund, dem Sie mich empfehlen können?

Bolz. Wozu, mein Alter?

Korb. Es ist nur – ich bin hier im Orte fremd und habe manchmal Aufträge und Besorgungen, wo ich mir keinen Rath weiß, und da möchte ich hier Jemand haben, bei dem ich mir Auskunft holen kann, wenn Sie einmal nicht hier sind, oder bei dem ich etwas für Sie zurücklassen kann.

Bolz. Sie finden mich fast den ganzen Tag hier. *(Zur Thür)* Bellmaus!

Bellmaus.

Sieh diesen Herrn an, er ist ein alter würdiger Freund von mir, aus meinem Heimatdorfe. Wenn er mich einmal nicht antreffen sollte, so vertritt du meine Stelle. – Dieser Herr heißt Bellmaus und ist ein guter Mensch.

Korb. Ich freue mich Ihrer Bekanntschaft, Herr Bellmaus.

Bellmaus. Ich ebenfalls, Herr – du hast mir den Namen noch nicht gesagt.

Bolz. Korb! Aus der großen Familie der Tragekörbe; er hat viel in seinem Leben zu tragen gehabt, auch mich hat er oft auf seinem Rücken getragen.

Bellmaus. Ich freue mich ebenfalls, Herr Korb. *(Schütteln einander die Hände.)*

Korb. So, abgemacht; und jetzt muß ich fort, sonst wartet das Fräulein.

Bolz. Leben Sie wohl, auf baldiges Wiedersehen. *(Korb ab, Bellmaus ab durch die Thür rechts.)*

Bolz *(allein)*. Also dieser Senden wirbt um sie. O das ist bitter!

Henning, gefolgt von Müller.

Henning *(im Schlafrock, eilig, einen bedruckten Bogen in der Hand)*. Diener, Herr Bolz! Heißt es *Conditor* oder *Canditor*? Der neue Corrector hat corrigirt *Canditor*.

Bolz *(in Gedanken)*. Mein wackerer Herr Henning, die Union druckt *Conditor*.

Henning. Ich hab's gleich gesagt. *(Zu Müller)* Es soll geändert werden, die Maschine wartet. *(Müller eilig ab.)* Bei der Gelegenheit habe ich den Leitartikel gelesen. Er ist von Ihnen, jedenfalls. Er ist sehr gut, aber zu scharf, lieber Herr Bolz; Pfeffer und Senf, das wird Aergerniß geben, das wird böses Blut machen.

Bolz *(in Gedanken, heftig)*. Ich habe von je gegen diesen Menschen einen Widerwillen gehabt.

Henning *(gekränkt)*. Wie? Was? Herr Bolz? Sie haben einen Widerwillen gegen mich?

Bolz. Gegen wen? Nein, lieber Herr Henning, Sie sind ein braver Mann, und wären der beste aller Zeitungsbesitzer, wenn Sie nicht manchmal ein furchtsamer Hase wären. *(Umarmt ihn)* Empfehlen Sie mich Madame Henning, Herr, und lassen Sie mich allein, ich denke über den nächsten Artikel.

Henning *(während er hinausgedrängt wird)*. Schreiben Sie nur recht sanft und menschenfreundlich, lieber Herr Bolz.

Bolz *(allein, wieder umhergehend)*. Senden weicht mir aus, wo er kann; er erträgt von mir Dinge, die jeden Andern in Harnisch brächten. Sollte er ahnen –

Müller.

Müller *(eilig)*. Eine fremde Dame wünscht ihre Aufwartung zu machen.

Bolz *(rasch)*. Eine Dame? und mir?

Müller. Dem Herrn Redacteur. *(Uebergibt eine Karte)*.

Bolz *(liest)*. Leontine Pavoni-Geßler, geb. Melloni aus Paris. – Die muß von der Kunst sein, ist sie hübsch?

Müller. Hm! So so!

Bolz. So sagen Sie ihr, wir ließen bedauern, daß wir nicht das Vergnügen haben könnten, die Redaction hätte heut große Wäsche.

Müller. Was?

Bolz *(heftig)*. Wäsche, Kinderwäsche, wir säßen im Seifenschaum bis über die Ellbogen.

Müller *(lachend)*. Und das soll ich –?

Bolz *(ungeduldig)*. Sie sind ein Strohkopf! *(Zur Thür)* Bellmaus!

Bellmaus.

Bleibe hier und nimm den Besuch ab. *(Gibt ihm die Karte.)*

Bellmaus. Ach, das ist die neue Tänzerin, die hier erwartet wird. *(Seinen Rock besehend)* Aber ich habe ja keine Toilette gemacht.

Bolz. Um so mehr Toilette wird sie gemacht haben. *(Zu Müller)* Herein mit der Dame! *(Müller ab.)*

Bellmaus. Aber ich kann wirklich nicht –

Bolz *(ärgerlich)*. Zum Henker, ziere dich nicht! *(Geht zum Tisch, schließt Papiere in die Schublade, ergreift seinen Hut.)*

Madame Pavoni.

Madame Pavoni. Habe ich die Ehre, den Herrn Redacteur der Union vor mir zu sehen?

Bellmaus *(sich verneigend)*. Allerdings – das heißt – Wollen Sie nicht dir Güte haben, Platz zu nehmen. *(Rückt Stühle.)*

Bolz. Adelheid ist scharfblickend und klug, wie ist es möglich, daß sie den Burschen nicht durchschaut.

Madame Pavoni. Herr Redacteur, die geistreichen Artikel über die Kunst, welche Ihr Blatt zieren, – haben mich veranlaßt –

Bellmaus. O, ich bitte!

Bolz *(entschlossen)*. Ich muß mir Eintritt zu diesem Ressourcenfest verschaffen! *(Geht mit einer Verbeugung gegen die Dame ab. Bellmaus und Madame Pavoni sitzen einander gegenüber.)*

Der Vorhang fällt.

Zweiter Akt.

Erste Scene.

Gartensaal des Obersten.

Im Vordergrunde rechts Ida und Adelheid, neben Adelheid der Oberst, alle sitzend.
Vor ihnen ein Tisch mit Kaffegeschirr.

Oberst *(im Gespräch mit Adelheid, lachend).* Eine vortreffliche Geschichte und drollig erzählt. – Ich bin seelenfroh, daß Sie bei uns sind, liebe Adelheid, jetzt wird doch etwas Anderes an unserem Tisch besprochen werden, als die leidige Politik! – Hm! Der Professor kommt heut nicht. Er fehlte doch sonst nicht zur Kaffestunde. *(Pause; Ida und Adelheid sehen einander an.)*

Ida *(seufzt).*

Adelheid. Vielleicht hat er zu arbeiten.

Ida. Oder er zürnt auf uns, weil ich heut Abend zum Feste gehe.

Oberst *(ärgerlich).* Dummes Zeug, du bist nicht seine Frau, nicht einmal seine erklärte Braut. Du bist im Hause deines Vaters und gehörst in meinen Kreis. – Hm ich merke, er trägt mir nach, daß ich mich neulich ausgesprochen habe. Ich glaube, ich war etwas heftig.

Adelheid *(mit dem Kopf nickend).* Ja, wie ich höre, etwas.

Ida. Er ist besorgt um Ihre Stimmung, lieber Vater.

Oberst. Na, ich habe Grund genug, ärgerlich zu sein, erinnere mich nicht daran. Und daß er sich noch in diese Wahlen verwickeln ließ, das ist unverzeihlich. – *(Geht auf und ab)* Schicke doch einmal zu ihm, Ida.

Ida *(klingelt).*

Karl.

Eine Empfehlung an den Herrn Professor, und wir warten mit dem Kaffe auf ihn. *(Karl ab.)*

Oberst. Nun, das Warten war gerade nicht nöthig, wir haben ja getrunken.

Adelheid. Meine Ida noch nicht.

Ida. Still!

Adelheid. Warum hat er sich nur als Candidat aufstellen lassen? Er hat ohnedies Geschäfte genug.

Oberst. Alles Ehrgeiz, ihr Mädchen. In diesen jungen Herren steckt der Teufel des Ehrgeizes, er treibt sie, wie der Dampf die Locomotiven.

Ida. Nein, Vater, er hat dabei nicht an sich gedacht.

Oberst. Das stellt sich nicht so nackt dar: ich will Carriere machen, oder: ich will ein gefeierter Mann werden. Das geht feiner zu. Da kommen die guten Freunde und sagen: Es ist Pflicht gegen die gute Sache, daß du – es ist ein Verbrechen gegen das Vaterland, wenn du nicht – dir ist es ein Opfer, aber wir fordern es; – und so wird der Eitelkeit ein hübscher Mantel umgehangen und der Wahlcandidat springt hervor, natürlich aus reinem Patriotismus. Lehrt einen alten Soldaten nicht die Welt kennen. Wir, liebe Adelheid, sitzen ruhig und lachen über diese Schwächen.

Adelheid. Und ertragen sie mit Nachsicht, wenn wir ein so gütiges Herz haben wie Sie.

Oberst. Ja, Erfahrung macht klug.

Karl.

Karl. Herr von Senden und zwei andere Herren.

Oberst. Was wollen die? Sehr angenehm! *(Karl ab.)* Erlaubt, Kinder, daß ich sie hier herein führe. Senden verweilt nie lange, er ist ein unruhiger Geist. *(Die Damen stehen auf.)*

Ida. Die Stunde ist uns wieder gestört.

Adelheid. Gräme dich nicht, um so mehr Zeit haben wir zu unserer Toilette. *(Adelheid und Ida ab nach links.)*

Senden, Blumenberg, ein dritter Herr.

Senden. Herr Oberst, wir kommen im Auftrage des Ausschusses für die bevorstehende Wahl, um Ihnen anzuzeigen, daß vom Comité einstimmig der Beschluß gefaßt worden ist, als Wahlcandidaten unserer Partei Sie, Herr Oberst, aufzustellen.

Oberst. Mich?

Senden. Das Comité bittet Sie, diesem Beschluß Ihre Zustimmung zu geben, damit noch heute Abend beim Fest den Wählern die nöthige Mittheilung gemacht werden kann.

Oberst. Sprechen Sie im Ernst, lieber Senden? Wie kommt das Comité auf den Gedanken?

Senden. Herr Oberst, der Präsident, welcher nach früherem Abkommen unsere Stadt vertreten sollte, hat es für nützlicher gehalten, sich in einem Bezirk der Provinz zu bewerben; außer ihm lebt in unserer Stadt Niemand, der so allgemein gekannt und bei der Bürgerschaft beliebt ist, als Sie. Wenn Sie unserer Bitte nachgeben, so ist unsrer Partei der Sieg gewiß; wenn Sie ablehnen, so ist die größte Wahrscheinlichkeit, daß unsere Gegner ihren Willen durchsetzen. Sie werden mit uns einverstanden sein, daß ein solcher Ausgang unter allen Umständen vermieden werden muß.

Oberst. Ich sehe das alles ein, aber gerade für mich ist es aus persönlichen Gründen unmöglich, in dieser Sache unsern Freunden zu nützen.

Senden *(zu den Uebrigen)*. Erlauben Sie mir, dem Herrn Obersten Einiges anzuführen, was ihn vielleicht unsern Wünschen geneigt macht. *(Blumenberg und der andere Herr ab in den Garten, wo sie zuweilen sichtbar werden.)*

Oberst. Aber, Senden, wie konnten Sie mich in diese Verlegenheit setzen? Sie wissen, daß Oldendorf seit Jahren in meinem Hause verkehrt, und daß es für mich sehr unangenehm sein muß, ihm öffentlich entgegen zu treten.

Senden. Hat der Professor wirklich solche Anhänglichkeit an Sie und Ihr Haus, so hat er jetzt die beste Gelegenheit, sie zu zeigen. Es versteht sich von selbst, daß er sogleich zurücktreten wird.

Oberst. Ich bin davon doch nicht überzeugt; er ist in manchen Dingen sehr hartnäckig.

Senden. Tritt er nicht zurück, so ist ein solcher Egoismus kaum noch Hartnäckigkeit zu nennen. Und in diesem Falle haben Sie doch schwerlich eine Verpflichtung gegen ihn; eine Verpflichtung, Herr Oberst, welche dem ganzen Lande Schaden brächte. Außerdem hat er keine Aussicht gewählt zu werden, wenn Sie annehmen, denn Sie werden ihn mit einer nicht großen, aber sichern Majorität besiegen.

Oberst. Ist uns denn diese Majorität sicher?

Senden. Ich glaube mich dafür verbürgen zu können. Blumenberg und die anderen Herren haben sehr genaue Prüfungen angestellt.

Oberst. Dem Professor wäre es ganz Recht, wenn er vor mir retiriren müßte. – Aber nein, – nein, es geht doch nicht, mein Freund.

Senden. Wir wissen, Herr Oberst, welches Opfer wir Ihnen zumuthen, und daß Sie nichts dafür entschädigen kann, als das Bewußtsein, dem Vaterlande einen großen Dienst geleistet zu haben.

Oberst. Allerdings.

Senden. So würde man das auch in der Residenz ansehen, und ich bin überzeugt, daß Ihr Eintritt in die Kammer noch in andern Kreisen als bei Ihren zahlreichen Freunden und Verehrern große Freude hervorrufen wird.

Oberst. Ich würde viele alte Freunde und Kameraden dort treffen. *(Für sich)* Ich würde bei Hofe präsentirt werden.

Senden. Neulich erkundigte sich der Kriegsminister mit großer Wärme nach Ihnen; auch er muß ein Kriegskamerad von Ihnen sein.

Oberst. Freilich, wir standen als junge Hähne bei derselben Compagnie, und haben manchen tollen Streich mit einander gemacht. Es wäre mir ein Vergnügen, zu sehen, wie er in der Kammer sein ehrliches Gesicht in finstre Falten zieht; er war beim Regiment ein wilder Teufel, aber ein braver Junge.

Senden. Und er wird nicht der Einzige sein, welcher Sie mit offenen Armen empfängt.

Oberst. Jedenfalls müßte ich die Sache überlegen.

Senden. Zürnen Sie nicht, Herr Oberst, wenn ich Sie dränge, sich für uns zu entscheiden. Heut Abend müssen wir der eingeladenen Bürgerschaft ihren Abgeordneten vorstellen, es ist die höchste Zeit, wenn nicht Alles verloren sein soll.

Oberst (unsicher). Senden, Sie setzen mir das Messer an die Kehle.

(Senden winkt die Herren von der Gartenthür näher heran.)

Blumenberg. Wir wagen, in Sie zu dringen, weil wir wissen, daß ein so guter Soldat, wie Sie, Herr Oberst, seinen Entschluß schnell faßt.

Oberst (nach innerem Kampfe). Nun so sei es, meine Herren, ich nehme an. Sagen Sie dem Comité, daß ich das Vertrauen zu schätzen weiß. Heut Abend besprechen wir das Nähere.

Blumenberg. Wir danken Ihnen, Herr Oberst, die ganze Stadt wird Ihren Entschluß mit Freuden vernehmen.

Oberst. Auf Wiedersehen heut Abend! *(Die Herren ab; Oberst allein, nachdenkend)* Ich hätte doch nicht so schnell annehmen sollen. – Aber ich mußte dem Kriegsminister den Gefallen thun. – Was werden die Mädchen dazu sagen: und Oldendorf?

Oldendorf.

Da ist er selbst! *(räuspert sich)* – Er wird sich wundern, ich kann ihm nicht helfen, er muß zurücktreten. Guten Tag, Professor, Sie kommen gerade recht.

Oldendorf *(eilig)*. Herr Oberst, in der Stadt erzählt man sich, die Partei des Herrn von Senden habe Sie als Wahlcandidaten aufgestellt; ich bitte Sie selbst um die Versicherung, daß Sie eine solche Wahl nicht annehmen würden.

Oberst. Wenn mir der Antrag gemacht worden wäre, warum sollte ich ihn nicht annehmen, so gut wie Sie? ja eher als Sie; denn die Motive, welche mich bestimmen könnten, sind jedenfalls stichhaltiger als Ihre Gründe.

Oldendorf. Also ist doch etwas an dem Gerücht?

Oberst. Gerade heraus, es ist die Wahrheit, ich habe angenommen, Sie sehen in mir Ihren Gegner.

Oldendorf. Das ist das Schlimmste von Allem, was unser Verhältniß bis jetzt getrübt hat. – Herr Oberst, konnte nicht die Erinnerung an eine Freundschaft, welche Jahre lang herzlich und ungestört war, Sie bewegen, diesen widerwärtigen Kampf zu vermeiden?

Oberst. Ich konnte nicht anders, Oldendorf, glauben Sie mir; an Ihnen ist es jetzt, sich unserer alten Freundschaft zu erinnern. Sie sind der jüngere Mann, von andern Beziehungen zu schweigen, an Ihnen ist es jetzt, zurückzutreten.

Oldendorf *(eifriger)*. Herr Oberst, ich kenne Sie seit Jahren, ich weiß, wie lebhaft und warm Sie empfinden, und wie wenig Ihr feuriges Gefühl geeignet ist, den kleinen Aerger der Tagespolitik, den aufreibenden Kampf der Debatte zu ertragen. O mein würdiger Freund, hören Sie auf meine Bitten und nehmen Sie Ihre Einwilligung zurück.

Oberst. Lassen Sie das meine Sorge sein; ich bin ein alter Stamm aus hartem Holz. – Denken Sie an sich selbst, lieber Oldendorf. Sie sind jung, Sie haben als Gelehrter einen Ruf, Ihre Wissenschaft sichert Ihnen jede Art von Erfolg. Wozu wollen Sie in einer andern Thätigkeit sich statt Ehre und Anerkennung nichts als Haß, Spott und Zurücksetzung holen? Denn bei Ihren Ansichten werden die nicht ausbleiben. Denken Sie daran. Sein Sie verständig und treten Sie zurück.

Oldendorf. Herr Oberst, wenn ich *meinen* Wünschen folgen dürfte, ich thäte es auf der Stelle. Ich bin aber in diesem Kampfe an meine Freunde gebunden, ich darf jetzt nicht zurücktreten.

Oberst *(eifrig)*. Und ich darf auch nicht zurücktreten, um der guten Sache nicht zu schaden. Da sind wir so weit wie im Anfange. *(für sich)* Der Trotzkopf! – *(Beide gehen an verschiedenen Seiten der Bühne auf und ab.)* Sie haben aber gar keine Aussicht gewählt zu werden, Oldendorf; es ist sicher, daß die Majorität der Stimmen meinen Freunden angehört; Sie setzen sich einer öffentlichen Niederlage aus. *(Gutmüthig)* Ich möchte nicht, daß Sie vor allen Leuten durch mich geschlagen werden, das gibt Geschwätz und Skandal. Denken Sie doch daran! Es ist ganz unnütz, daß Sie erst zum Zweikampf herausfordern.

Oldendorf. Selbst wenn das alles so sicher wäre, als Sie annehmen, Herr Oberst, würde ich doch bis zur Entscheidung aushalten müssen. Aber so weit ich die Stimmung beurtheilen kann, ist das Resultat gar nicht so sicher. Und bedenken Sie, Herr Oberst, wenn der Fall eintritt, daß Sie unterliegen, –

Oberst *(ärgerlich)*. Ich sage Ihnen, er tritt nicht ein.

Oldendorf. Wenn es aber doch so käme? Wie widerwärtig wäre das für uns beide! Mit welchen Empfindungen würden Sie mich dann ansehen! Eine Niederlage wäre meinem Herzen vielleicht willkommen, Ihnen würde sie tiefe Kränkung sein. Und, Herr Oberst, ich fürchte diese Möglichkeit.

Oberst. Eben deshalb sollen Sie zurücktreten.

Oldendorf. Ich darf nicht mehr, Sie aber können noch.

Oberst *(heftig)*. Donnerwetter, Herr, ich habe Ja gesagt, ich bin nicht der Mann, ein Nein darauf zu setzen. – *(Beide gehen auf und ab.)* So wären wir am Ende, Herr Professor. Meine Wünsche gelten Ihnen nichts, ich hätte das wissen können. Ein jeder von uns gehe seinen Weg. – Wir sind öffentliche Gegner geworden, wir wollen einander ehrliche Feinde sein.

Oldendorf *(die Hand des Obersten ergreifend)*. Herr Oberst, ich halte diesen Tag für einen sehr unglücklichen, denn ich sehe Trauriges auf ihn folgen. Bewahren Sie sich unter allen Umständen die Ueberzeugung, daß meine Liebe und Anhänglichkeit an Sie durch nichts zu erschüttern ist.

Oberst. Zuletzt ist unsere Position wie vor einer Schlacht. Sie wollen sich von einem alten Militär schlagen lassen, Sie sollen Ihren Willen haben.

Oldendorf. Ich bitte um die Erlaubniß, unser Gespräch Fräulein Ida mitzutheilen.

Oberst *(etwas unruhig)*. Es ist besser, Sie thun das jetzt nicht, Herr Professor; es wird sich schon eine Gelegenheit finden. Vorläufig sind die Damen bei der Toilette, ich selbst werde ihnen das Nöthige sagen.

Oldendorf. Leben Sie wohl, Herr Oberst, und denken Sie meiner ohne Groll.

Oberst. Ich werde das Mögliche darin thun, Herr Professor. *(Oldendorf ab.)* – Er hat nicht nachgegeben. Was für ein Ehrgeiz in diesen Gelehrten sitzt!

Ida, Adelheid.

Ida. War das nicht Oldendorfs Stimme?

Oberst. Ja, mein Kind!

Adelheid. Und er ist wieder fort? Ist etwas vorgefallen?

Oberst. Allerdings, ihr Mädchen. Kurz heraus, nicht Oldendorf wird Abgeordneter der Stadt, sondern ich.

Ida. Sie, Vater?

Adelheid *(zugleich)*. Sie, Herr Oberst?

Ida. Ist Oldendorf zurückgetreten?

Adelheid. Ist die Wahl vorüber?

Oberst. Keins von beidem. Oldendorf hat seine vielgepriesene Anhänglichkeit an uns dadurch bewiesen, daß er nicht zurückgetreten ist, und der Tag der Wahl ist noch nicht vorüber. Doch ist nach allem, was ich höre, kein Zweifel, daß Oldendorf unterliegt.

Ida. Und Sie, mein Vater, sind vor aller Welt sein Gegner geworden?

Adelheid. Und was hat Oldendorf dazu gesagt, Herr Oberst?

Oberst. Macht mir den Kopf nicht warm, ihr Mädchen! – Oldendorf war hartnäckig, sonst hat er eine gute Haltung gezeigt und von der Seite ist Alles in Ordnung. Die Gründe, welche mich bestimmt haben das Opfer zu bringen, sind sehr wichtig, ich werde sie euch ein ander Mal auseinandersetzen. Die Sache ist entschieden, ich habe angenommen, das laßt euch jetzt genügen.

Ida. Aber, lieber Vater –

Oberst. Laß mich in Ruhe, Ida, ich habe an Anderes zu denken. Heut Abend soll ich öffentlich sprechen, das ist einmal der Brauch bei solchen Wahlen. – Sorge nicht, mein Kind, wir wollen schon mit dem Professor und seinem Anhange fertig werden. *(Oberst ab nach dem Garten.)*

Ida *(und Adelheid stehen einander gegenüber und ringen die Hände; Ida:)* Was sagst du dazu?

Adelheid. Du bist die Tochter, was sagst du?

Ida. Nein! der Vater! Kaum hat er uns gründlich auseinandergesetzt, was für kleine Mäntel der Ehrgeiz bei solchen Wahlen umnimmt –

Adelheid. Ja, er hat sie recht anschaulich beschrieben, alle Hüllen und Burnusse der Eitelkeit.

Ida. Und in der nächsten Stunde darauf läßt er sich selbst den Mantel umhängen. Das ist ja schrecklich! – Und wenn der Vater nicht gewählt wird? Es war Unrecht von Oldendorf, daß er der Schwäche des Vaters nicht nachgegeben hat. Ist das Ihre Liebe zu mir, Herr Professor? Auch er hat nicht an mich gedacht!

Adelheid. Weißt du was? Wir wollen wünschen, daß sie beide durchfallen. Diese Politiker! – Es war schlimm genug für dich, als nur einer Politik trieb; jetzt, da sie beide von dem sinnbethörenden Trank trinken, bist du auf alle Fälle geliefert. Wenn ich jemals in die Lage käme, einen Mann zu meinem Herrn zu machen, ich würde ihm nur eine Bedingung stellen, die weise Lebensregel meiner alten Tante: Rauchen Sie Tabak, mein Gemahl, so viel Sie wollen, er verdirbt höchstens die Tapeten, aber unterstehen Sie sich nicht, jemals eine Zeitung anzusehen, das verdirbt Ihren Charakter.

Korb (an der Thür).

Was bringen Sie, Korb?

Korb *(eilig, geheimnisvoll)*. Es ist nicht wahr!

Adelheid *(ebenso)*. Was ist nicht wahr?

Korb. Daß er eine Braut hat, er denkt nicht daran; sein Freund sagt, er hat nur *eine* Geliebte.

Adelheid *(eifrig)*. Wer ist die?

Korb. Seine Zeitung!

Adelheid *(erleichtert)*. Ah so! *(Laut)* Da kann man sehen, wie viel Unwahres die Menschen sprechen. Es ist gut, lieber Korb! *(Korb ab.)*

Ida. Was ist unwahr?

Adelheid *(seufzend)*. Ach, daß wir Frauen klüger sind als die Männer, wir reden ebenso weise, und ich fürchte, wir haben ebenso große Lust, bei der ersten Gelegenheit unsere Weisheit zu vergessen. Wir sind alle zusammen arme Sünder!

Ida. Du kannst scherzen, du hast nie empfunden, daß der Vater und der geliebte Freund einander feindlich gegenüber stehen.

Adelheid. Meinst du? – Ich habe aber eine gute Freundin gehabt, die hatte ihr Herz thörichter Weise an einen hübschen, übermüthigen Burschen gehängt, sie war damals noch ein Kind, und es war ein sehr rührendes Verhältniß. Ritterliche Huldigung von seiner Seite und zarte Seufzer von der ihren. Da hatte die junge Heldin das Unglück, eifersüchtig zu werden, und sie vergaß Poesie und Anstand so weit, dem erwählten Ritter ihres Herzens einen Backenstreich zu geben. Es war nur ein ganz kleiner Backenstreich, aber er wurde verhängnißvoll. Der Vater der jungen Dame hatte ihn gesehen und forderte Erklärung. Da that der junge Ritter, was ein echter Held thun muß, er nahm die ganze Schuld auf sich und sagte dem erschrockenen Vater, er habe von der Dame einen Kuß gefordert – der arme Junge! so anmaßend war er nie! – ein Schlag sei die Antwort gewesen. Der Vater war ein strenger Mann, er mißhandelte den Jüngling. Der Held wurde aus seiner Familie, aus seiner Heimat entfernt und die Heldin saß einsam in ihrem Burgsöller und weinte um den Verlorenen.

Ida. Sie hätte ihrem Vater die Wahrheit sagen sollen.

Adelheid. O, das that sie, aber ihr Geständniß machte das Uebel ärger. Seit der Zeit sind viele Jahre vergangen, und der Ritter und seine Dame sind jetzt alte Leute und sehr verständig.

Ida *(lächelnd)*. Und haben sie einander nicht mehr lieb, weil sie verständig sind?

Adelheid. Liebes Kind, wie der Herr denkt, kann ich dir so genau nicht sagen; er hat dem Fräulein nach dem Tode ihres Vaters einen sehr schönen Brief geschrieben, weiter weiß ich nichts; aber die Dame hat mehr Vertrauen, als du, sie hofft noch immer. *(ernst)* Ja, sie hofft, und ihr Vater hat ihr das noch vor seinem Tode selbst erlaubt, – du siehst, sie hofft noch.

Ida *(sie umarmend)*. Und wer ist der Verstoßene, auf den sie hofft?

Adelheid. Still, mein Liebchen, das ist ein finsteres Geheimniß. Nur wenig lebende Menschen wissen darum; und wenn die Vögel auf den Bäumen von Rosenau einander davon erzählen, so behandeln sie die Geschichte als eine dunkle Sage ihrer Vorfahren, sie singen dann leise und klagend und ihre Federn sträuben sich vor Ehrfurcht. – Zu seiner Zeit sollst du Alles erfahren, jetzt denke an das Fest, und wie hübsch du aussehen wirst.

Ida. Hier der Vater, dort der Geliebte, wie soll das enden?

Adelheid. Sei ohne Sorgen. Der eine ist ein alter Soldat, der andere ein junger Staatsmann, dergleichen öffentliche Charaktere sind zu allen Zeiten von uns Frauen um den kleinen Finger gewickelt worden. *(Beide ab.)*

Zweite Scene.

Seitenzimmer eines öffentlichen Saales. Die Hinterwand eine Reihe Säulen und Pfeiler, zwischen denen man in den erleuchteten Saal sieht und dahinter in einen zweiten. Vorn links eine Thür, rechts Tische und Stühle; Kronleuchter; später von Zeit zu Zeit ferne Musik.

Im Saal Herren und Damen stehend, oder in Gruppen auf- und abgehend. Senden, Blumenberg, hinter diesen Schmock aus dem Saal.

Senden. Alles geht gut. Ein superber Geist in der Gesellschaft. Diese guten Bürger sind entzückt über unser Arrangement. – Das mit dem Fest war ein vortrefflicher Gedanke von Ihnen, Blumenberg.

Blumenberg. Machen Sie nur, daß die Leute schnell warm werden. Etwas Musik thut zum Anfang gute Dienste, am besten sind Wiener Tänze wegen der Frauen. Dann kommt eine Rede von Ihnen, dann einige Gesangstücke, und beim Essen die Vorstellung des Obersten und die Gesundheiten! Es kann nicht fehlen, die Leute müssen Herzen von Stein haben, wenn sie ihre Stimmen nicht geben zum Dank für ein solches Fest.

Senden. Die Gesundheiten sind vertheilt.

Blumenberg. Aber die Musik? Warum schweigt die Musik?

Senden. Ich warte bis zur Ankunft des Obersten.

Blumenberg. Er muß mit einem Tusch empfangen werden; das wird ihm schmeicheln, wissen Sie.

Senden. So ist's bestellt. Gleich darauf beginnt ein Marsch und wir führen ihn im Zuge ein.

Blumenberg. Sehr gut! Das gibt dem Eintritt die Feierlichkeit. Denken Sie nur an Ihre Rede; sein Sie populär, denn wir sind heut unter dem großen Haufen.

Gäste, unter ihnen Henning.

Senden *(mit Blumenberg die Honneurs machend)*. Sehr erfreut, Sie hier zu sehen. – Wir wußten, daß Sie uns nicht fehlen würden. – Ist dies Ihre Frau Gemahlin?

Gast. Ja, dieses ist meine Frau, Herr von Senden.

Senden. Auch Sie bei uns, Herr Henning? Sein Sie willkommen, werther Herr!

Henning. Ich bin durch meinen Freund eingeladen, und war doch neugierig. Ich hoffe, mein Hiersein wird Niemandem unangenehm sein?

Senden. Im Gegentheil. Wir sind entzückt, Sie hier zu begrüßen. *(Gäste ab durch die Mittelthür, Senden im Gespräch mit ihnen ab.)*

Blumenberg. Er versteht's die Leute zu treiben. Das sind die guten Manieren dieser Herren. Er ist nützlich; er ist auch mir nützlich; er treibt die Andern und ich treibe ihn. *(Sich umwendend, Schmock erblickend, der sich an der Thür umherbewegt)* Was thun Sie hier? was stehen Sie und horchen? Sie sind kein Thorschreiber von der Accise. Machen Sie, daß Sie nicht in meiner Nähe bleiben. Vertheilen Sie sich in der Gesellschaft.

Schmock. Zu wem soll ich gehen, wenn ich keine Bekannten habe unter all den Leuten? Sie sind meine einzige Bekanntschaft.

Blumenberg. Wozu brauchen Sie den Leuten zu sagen, daß ich Ihre Bekanntschaft bin? Es ist mir keine Ehre, neben Ihnen zu stehen.

Schmock. Wenn es keine Ehre ist, so ist es auch keine Schande. Ich kann auch gehen allein.

Blumenberg. Haben Sie Geld, daß Sie etwas verzehren können? Gehen Sie zum Restaurateur und lassen Sie sich etwas geben auf meinen Namen. Das Comité wird's bezahlen.

Schmock. Ich will nicht hingehen zu essen. Ich brauche nichts auszugeben, ich habe gegessen. *(Ferner Tusch und Marsch, Blumenberg ab. Schmock allein, nach vorn, heftig)* Ich hass' ihn, ich will's ihm sagen, daß ich ihn hasse und daß ich ihn verachte im Grund meines Herzens. *(Wendet sich zum Gehen, umkehrend)* Ich kann's ihm doch nicht sagen, denn er streicht mir dann Alles in meiner Correspondenz, die ich ihm für die Zeitung mache. Ich will sehen, ob ich's kann hinunterschlucken. *(Ab durch die Mittelthür.)*

Bolz, Kämpe, Bellmaus (zur Seitenthür herein).

Bolz *(einmarschirend)*. Da sind wir im Hause der Capulet. – *(Pantomime des Degeneinsteckens)* Verbergt eure Schwerter unter Rosen, blas't eure Bäckchen auf und seht so dumm und unschuldig aus als möglich. Vor allem fangt mir keine Händel an, und wenn ihr diesem Tybald, dem Senden, begegnet, so seid so gut und drückt euch um die Ecke. *(Man sieht die Polonaise durch die hintern Sääle gehen.)* – Du Romeo Bellmaus, nimm dich vor den Weibsen in Acht, ich sehe dort mehr Locken flattern und Taschentücher schwenken, als für deine Gemüthsruhe gut ist.

Kämpe. Wetten wir eine Flasche Champagner, wenn einer von uns Händel bekommt, so sind Sie der eine.

Bolz. Möglich, aber ich verspreche Ihnen, daß Sie Ihren Antheil daran sicher erhalten sollen. – Jetzt hört meinen Operationsplan. Sie Kämpe –

Schmock.

Halt, wer ist das? – Wetter, das Factotum des Coriolan! unser Incognito hat nicht lange gedauert.

Schmock *(der vor den letzten Worten an der Thür beobachtend sichtbar gewesen, vortretend)*. Ich wünsche einen angenehmen Abend, Herr Bolz.

Bolz. Ich wünsche dasselbe in noch angenehmerer Qualität, Herr Schmock.

Schmock. Könnte ich ein paar Worte mit Ihnen sprechen?

Bolz. Ein paar? Fordern Sie nicht zu wenig, edler Waffenträger des Coriolan. Zwei Dutzend Worte sollen Sie haben, aber nicht mehr.

Schmock. Könnten Sie mir nicht Beschäftigung geben bei Ihrer Zeitung?

Bolz *(zu Kämpe und Bellmaus)*. Hört ihr? Bei unserer Zeitung? Hm! du forderst viel, edler Römer!

Schmock. Ich hab's satt bei dem Coriolan. – Ich wollte Ihnen Alles machen, was Sie zu thun haben. Ich möchte gern bei honetten Menschen sein, wo man seinen Verdienst hat und eine anständige Behandlung.

Bolz. Was verlangen Sie von uns, Sklave Roms? Wir sollten Sie Ihrer Partei entziehen? Nimmermehr! Wir sollten Ihren politischen Ueberzeugungen Gewalt anthun? Sie zum Abtrünnigen machen? Wir sollten die Schuld tragen, daß Sie zu unserer Partei kämen? Niemals! Unser Gewissen ist zart, es empört sich gegen Ihren Vorschlag.

Schmock. Wozu machen Sie sich Sorgen um das? Ich habe bei Blumenberg gelernt, in allen Richtungen zu schreiben. Ich habe geschrieben links, und wieder rechts. Ich kann schreiben nach jeder Richtung.

Bolz. Ich sehe, Sie haben Charakter. Ihnen kann's in unserer Zeitung nicht fehlen. Ihr Anerbieten ehrt uns, aber wir können es jetzt nicht annehmen. Eine so welterschütternde Begebenheit, wie Ihr Uebertritt, will reiflich erwogen sein. – Unterdeß sollen Sie Ihr Vertrauen keinem fühllosen Barbaren geschenkt haben. – *(Bei Seite zu den Andern)* Vielleicht ist etwas aus ihm herauszulocken! – Bellmaus, du hast das beste Herz unter uns dreien, du mußt dich heut seiner annehmen.

Bellmaus. Was soll ich denn aber mit ihm anfangen?

Bolz. Führe ihn nach der Restauration, setze dich mit ihm in eine Ecke und gieße ihm Punsch in alle Löcher seines armen Kopfes, bis seine Geheimnisse herausspringen wie nasse Mäuse. Mache ihn schwatzen, besonders über die Wahlen. Geh, Kleiner, und sei hübsch vorsichtig, daß du nicht selbst warm wirst und plauderst.

Bellmaus. Auf diese Art werde ich von dem Fest nicht viel sehen.

Bolz. Das wirst du nicht, mein Sohn! Aber was hast du an dem Fest? Hitze, Staub und alte Tanzmusik. Uebrigens werden wir dir morgen Alles erzählen und zuletzt bist du Dichter und kannst dir das Ganze viel schöner vorstellen, als es in der Wirklichkeit ist. Deshalb gräme dich nicht. Deine Rolle scheint undankbar, aber sie ist die wichtigste von allen, denn sie erfordert Kälte und Schlauheit. Geh, meine Maus, und hüte dich vor Erhitzung.

Bellmaus. Ich werde mich hüten, mein Herr Kater. – Kommen Sie, Schmock. *(Bellmaus und Schmock ab.)*

Bolz. Es wird gut sein, wenn auch wir uns trennen.

Kämpe. Ich gehe die Stimmung beobachten. Wenn ich Sie brauche, werde ich Sie aufsuchen.

Bolz. Ich darf mich nicht viel zeigen, ich bleibe hier in der Nähe. *(Kämpe ab)* Endlich allein! *(Geht an die Mittelthür)* Dort steht der Oberst, von einem dichten Kreis umgeben! Sie ist es! – Sie ist hier, und ich muß im Versteck liegen, wie ein Fuchs unter Blättern! – Aber sie hat Falkenaugen, – vielleicht – der Knäuel löst sich, sie gehn mit Ida Arm in Arm durch den Saal, – *(lebhaft)* sie kommen näher! – *(ärgerlich)* O weh! da stürzt Korb auf mich zu! Gerade jetzt!

Korb.

Korb. Herr Konrad, ich traue meinen Augen nicht, Sie hier, auf diesem Fest?

Bolz *(eilig)*. Still, Alter, ich bin nicht ohne Grund hier. Ihnen kann ich mich anvertrauen, Sie gehören ja zu uns.

Korb. Mit Leib und Seele. In all dem Gerede und Gefiedel rufe ich immer im Stillen: Vivat der Union! Hier steckt sie *(zeigt eine Zeitung in der Tasche)*.

Bolz. Gut, Korb, Sie können mir einen großen Gefallen thun. In einer Ecke der Restauration sitzt Bellmaus neben einem Fremden. Er soll den Fremden aushorchen, kann aber selbst nicht viel vertragen und kommt leicht ins Schwatzen. Sie thun der Partei einen großen Gefallen, wenn Sie eilig hingehen und Punsch trinken, um den Bellmaus zu unterstützen. Das *Sie* fest sind, weiß ich aus alter Zeit.

Korb *(eilig)*. Ich gehe. – Sie haben doch immer noch Ihre Finten im Kopf. Verlassen Sie sich auf mich, der Fremde soll unterliegen, und die Union soll triumphiren. *(Schnell ab. Musik schweigt.)*.

Bolz. Armer Schmock! – *(an der Thür)* Ah, sie gehen noch durch den Saal, Ida wird angeredet, sie bleibt stehen, Adelheid geht weiter, *(lebhaft)* sie kommt, sie kommt allein?

Adelheid.

Adelheid *(wie an der Thür vorbeigehend, tritt schnell herein. Bolz verneigt sich)*. Konrad! lieber Herr Doctor! *(hält ihm die Hand hin.)*

Bolz *(neigt sich tief auf ihre Hand)*.

Adelheid *(in freudiger Bewegung)* Ich habe Sie sogleich aus der Ferne erkannt. Zeigen Sie mir Ihr treues Gesicht! Ja, es hat sich wenig verändert. Eine Narbe, etwas mehr Braun und eine kleine Falte am Mund; – ich hoffe, die ist vom Lachen.

Bolz. Wenn mir gerade jetzt etwas anderes näher ist als Lachen, so ist das nur eine vorübergehende Bosheit meiner Seele. Ich sehe mich doppelt, wie ein melancholischer Hochländer. Mit Ihnen tritt meine lange glückliche Kinderzeit leibhaftig vor meine Augen; Alles, was sie von Freude und Schmerz gebracht, fühle ich so lebhaft wieder, als wäre ich noch der Knabe, der einst für Sie auf Abenteuer in den Wald zog und Rothkehlchen fing. – Und doch ist die schöne Gestalt, welche ich vor mir sehe, von der Gespielin so verschieden, daß ich merke, es ist nur ein holder Traum, den ich träume. – Ihre Augen glänzen so freundlich wie sonst, aber – *(sich leicht verneigend)* ich habe kaum noch das Recht, an alte Träume zu denken.

Adelheid. Auch ich habe mich vielleicht nicht so verändert, als Sie glauben. – Und wie wir beide auch verwandelt sind, gute Freunde sind wir geblieben, nicht wahr, Herr Doctor?

Bolz. Bevor ich den kleinsten Theil des Rechtes aufgebe, das ich an Ihre Theilnahme habe, will ich lieber boshafte Artikel gegen mich selbst schreiben und drucken und austragen.

Adelheid. Und doch sind Sie so stolz geworden, daß Sie Ihre Freundin bis heut noch nicht in der Stadt aufgesucht haben. Warum sind Sie dem Hause des Obersten fremd?

Bolz. Ich bin ihm nicht fremd. Im Gegentheil, ich habe dort eine sehr achtbare Stellung, welche ich am besten dadurch erhalte, daß ich so wenig als möglich hingehe. Der Oberst und zuweilen auch Fräulein Ida beschwichtigen ihren Unwillen gegen Oldendorf und die Zeitung gern dadurch, daß sie in mir den Uebelthäter mit Hörnern und Klauen sehen. Ein so zartes Verhältniß will mit Schonung behandelt sein, ein Teufel darf sich nicht dadurch gemein machen, daß er alle Tage erscheint.

Adelheid. Ich bitte Sie aber jetzt, diese hohe Stellung aufzugeben. Ich bleibe den Winter über in der Stadt und ich hoffe, Sie werden Ihrer Jugendfreundin zu Liebe als ein Bürger dieser Welt bei meinen Freunden auftreten.

Bolz. In jeder Rolle, welche Sie mir zutheilen.

Adelheid. Auch in der eines Friedensboten zwischen dem Obersten und Oldendorf?

Bolz. Wenn der Friede nur dadurch zu erkaufen ist, daß Oldendorf zurücktritt, nein – sonst aber bin ich zu allen guten Werken erbötig.

Adelheid. Und ich fürchte, daß der Friede gerade nur für diesen Preis zu erkaufen ist. – Sie sehen, Herr Konrad, auch wir sind Gegner geworden.

Bolz. Etwas gegen Ihren Willen zu thun, ist mir entsetzlich, so sehr ich auch Höllensohn bin. – Also meine Heilige wünscht und fordert, daß Oldendorf nicht Deputirter werde?

Adelheid. Ich wünsche und fordere es, mein Herr Teufel!

Bolz. Es ist hart. Sie haben in Ihrem Himmel so viele Herren, mit denen Sie Fräulein Ida beschenken können; warum müssen Sie einem armen Teufel gerade seine einzige Seele, den Professor, entführen?

Adelheid. Gerade den Professor will ich haben und Sie sollen mir ihn überlassen.

Bolz. Ich bin in Verzweiflung, ich würde mir die Haare raufen, wenn die Oertlichkeit nicht so ungünstig wäre. Ich fürchte Ihren Unwillen, ich zittre bei dem Gedanken, daß diese Wahl Ihnen unlieb sein könnte.

Adelheid. So suchen Sie die Wahl zu verhindern!

Bolz. Das kann ich nicht, aber sobald sie vorüber ist, wird mein Schicksal sein, über Ihren Unwillen zu trauern und schwermüthig zu werden. Ich werde mich aus der Welt zurückziehen, weitweg bis zum stillen Nordpol; dort werde ich während dem Rest meiner Tage traurig mit Eisbären Domino spielen und unter den Robben die Anfänge journalistischer Bildung verbreiten. Das wird leichter zu ertragen sein als ein zürnender Blick Ihrer Augen.

Adelheid *(lachend)*. Ja, so waren Sie immer. Sie versprachen alles Mögliche und handelten stets nach Ihrem Kopf. – Bevor Sie aber nach dem Nordpol reisen, versuchen Sie vielleicht noch einmal, mich hier zu versöhnen. – *(Kämpe an der Thür sichtbar.)* Still! – Ich erwarte Ihren Besuch, leben Sie wohl, mein wiedergefundener Freund! – *(Ab.)*

Bolz. Dort kehrt mir mein guter Engel zürnend den Rücken! – Jetzt bin ich rettungslos dir verfallen, du Hexe Politik! *(Schnell ab durch die Mitte.)*

Piepenbrink, Frau Piepenbrink, Bertha von Fritz Kleinmichel geführt, Kleinmichel (durch die Mittelthür). Quadrille hinter der Scene.

Piepenbrink. Gott sei Dank, daß wir aus diesem Gedränge heraus sind.

Frau Piepenbrink. Es ist sehr heiß.

Kleinmichel. Und die Musik ist zu laut, es sind zu viel Trompeten dabei, und die Trompeten sind mir zuwider.

Piepenbrink. Hier ist ein ruhiger Ort, hier wird hergesetzt.

Fritz. Bertha möchte noch in dem Saal bleiben, könnte ich nicht mit ihr umkehren?

Piepenbrink. Ich habe nichts dagegen, daß ihr jungen Leute in den Saal zurückgeht, aber es ist mir lieber, wenn ihr bei uns bleibt. Ich habe gern alle meine Leute beisammen.

Frau Piepenbrink. Bleibe bei deinen Eltern, mein Kind!

Piepenbrink. Setzt euch! *(Zu seiner Frau)* Du setze dich an die Ecke, Fritz kommt neben mich. Nehmt Bertha zwischen euch, Nachbarn, sie wird doch nächstens an euren Tisch kommen. *(Setzen sich an den Tisch rechts, an die linke Ecke Frau Piepenbrink, dann er selbst, Fritz, Bertha, Kleinmichel.)*

Fritz. Wann wird das Nächstens sein, Herr Pathe? Sie sagen das schon lange, und schieben den Hochzeitstag immer wieder hinaus.

Piepenbrink. Das geht dich nichts an.

Fritz. Ich dächte doch, Herr Pathe, ich bin's ja, der Bertha heiraten will.

Piepenbrink. Das ist was rechts. Das kann Jeder wollen. Aber ich soll sie dir geben, Junge, und das will mehr sagen, denn es wird mir schwer genug, die kleine Bachstelze aus meinem Nest zu lassen. Darum warte. Du sollst sie haben, aber warte!

Kleinmichel. Er wird warten, Nachbar!

Piepenbrink. Das will ich ihm auch gerathen haben. – He! Kellner, Kellner!

Frau Piepenbrink. Was diese Bedienung an solchen Orten schlecht ist!

Piepenbrink. Kellner! *(Kellner kommt.)* – Ich heiße Piepenbrink! – Ich habe sechs Flaschen von meinem Wein mitgebracht. Sie stehen beim Restaurateur, ich will sie herhaben. *(Indem der Kellner Flaschen und Gläser herzuholt, treten auf:)*

Bolz, Kämpe (an der Thür, Kellner ab und zu im Hintergrunde).

Bolz *(bei Seite zu Kämpe)*. Welcher ist es?

Kämpe. Der uns den Rücken zukehrt, der mit den breiten Schultern.

Bolz. Und was hat er für eine Art von Geschäft?

Kämpe. Meist Rothweine.

Bolz. Gut. *(laut)* Kellner, einen Tisch und zwei Stühle hierher! eine Flasche Rothwein! *(Der Kellner bringt das Geforderte nach dem Vordergrund links.)*

Frau Piepenbrink. Was wollen die hier?

Piepenbrink. Das ist das Unbequeme bei solchen zusammengebeteten Gesellschaften, daß man nirgend allein bleiben kann.

Kleinmichel Es scheinen anständige Herren; ich glaube, den einen habe ich schon gesehen.

Piepenbrink *(entschieden)*. Anständig oder nicht, uns sind sie unbequem.

Kleinmichel. Freilich sind sie das.

Bolz *(sich mit Kämpe setzend)*. Da säßen wir in Ruhe vor einer Flasche Rothwein, mein Freund. Ich habe kaum den Muth einzuschenken, denn der Wein in solchen Restaurationen ist fast immer abscheulich. Was wird das nur für Zeug sein?

Piepenbrink *(gereizt)*. So? hört doch!

Kämpe. Versuchen wir's. *(Gießt ein, leise)* Es ist ein P. P. auf dem Siegel, das könnte auch Piepenbrink bedeuten.

Piepenbrink. Ich bin doch neugierig, was diese Gelbschnäbel an dem Wein aussetzen werden.

Frau Piepenbrink. Sei ruhig, Philipp, man hört dich drüben.

Bolz *(leise)*. Sie haben sicher Recht, der Restaurateur nimmt seinen Wein von ihm; deshalb ist er auch hergekommen.

Piepenbrink. Sie scheinen keinen Durst zu haben, sie trinken nicht.

Bolz *(kostet, laut)*. Nicht übel!

Piepenbrink *(ironisch)* So?

Bolz *(kostet wieder)*. Ein reiner, guter Wein!

Piepenbrink *(aufathmend)*. Der Mensch hat kein schlechtes Urtheil.

Bolz. Aber er ist doch nicht zu vergleichen mit einem ähnlichen Wein, den ich neulich bei einem Freunde getrunken habe.

Piepenbrink. So?

Bolz. Seit der Zeit weiß ich, daß es nur einen Mann in der Stadt gibt, von dem ein gebildeter Weintrinker seine Rothweine holen darf.

Kämpe. Und der ist?

Piepenbrink *(ironisch)*. Ich bin doch neugierig.

Bolz. Ein gewisser Piepenbrink.

Piepenbrink *(zufrieden mit dem Kopf nickend)*. Gut!

Kämpe. Ja, das Geschäft gilt allgemein für sehr respectabel.

Piepenbrink. Die wissen nicht, daß auch ihr Wein aus meinen Kellern ist. Hahaha!

Bolz *(sich zu ihm wendend)* Lachen Sie über uns, mein Herr?

Piepenbrink. Hahaha! Nichts für ungut, ich hörte Sie nur über den Wein sprechen. Also Piepenbrinks Wein schmeckt Ihnen besser als dieser da? Hahaha!

Bolz *(mit gelinder Entrüstung)*. Mein Herr, ich muß Sie ersuchen, meine Ausdrücke weniger komisch zu finden. Ich kenne den Herrn Piepenbrink nicht, aber ich habe das Vergnügen seinen Wein zu kennen, und deshalb wiederhole ich die Behauptung, daß Piepenbrink bessern Wein in seinem Keller hat, als dieser hier ist. Warum finden Sie das lächerlich? Sie kennen die Weine von Piepenbrink nicht und haben gar kein Recht zu urtheilen.

Piepenbrink. Ich kenne Piepenbrinks Weine nicht, ich kenne auch Philipp Piepenbrink nicht, ich habe seine Frau nie gesehen, merkst du, Lotte? und wenn mit seine Tochter Bertha begegnet, so frage ich: wer ist dieser kleine Schwarzkopf? Das ist eine lustige Geschichte. Nicht wahr, Kleinmichel? *(lacht.)*

Kleinmichel. Es ist sehr lächerlich! *(lacht.)*

Bolz *(aufstehend, mit Würde)*. Mein Herr, ich bin Ihnen fremd und habe Sie nie beleidigt. Sie haben ein ehrenhaftes Aussehen und ich finde Sie in Gesellschaft liebenswürdiger Frauen. Deshalb kann ich nicht glauben, daß Sie hergekommen sind, um Fremde zu verhöhnen. Ich fordere also als Mann eine Erklärung von Ihnen, weshalb Sie meine harmlosen Worte so auffallend finden. Wenn Sie ein Feind von Herrn Piepenbrink sind, warum lassen Sie uns das entgelten?

Piepenbrink *(aufstehend)*. Nur nicht hitzig, mein Herr! Merken Sie auf. Der Wein, welchen Sie hier trinken, ist auch aus Piepenbrinks Keller, und der Philipp Piepenbrink, dem zu Liebe Sie auf mich losgehen, bin ich selbst. Jetzt begreifen Sie, warum ich lache.

Bolz. Ah! steht die Sache so? Sie sind Herr Piepenbrink selbst? – Nun, so freue ich mich aufrichtig, Ihre Bekanntschaft zu machen. Nichts für ungut, verehrter Herr.

Piepenbrink. Nein, nichts für ungut. Es ist Alles in Ordnung.

Bolz. Da Sie so freundlich waren, uns Ihren Namen zu nennen, so ist es auch in der Ordnung, daß Sie die unsern erfahren. Doctor der Philosophie Bolz und hier mein Freund, Herr Kämpe.

Piepenbrink. Freue mich.

Bolz. Wir sind ziemlich fremd in der Gesellschaft und haben uns in dies Nebenzimmer zurückgezogen, weil man seine Behaglichkeit unter den vielen fremden Gesichtern doch nicht hat. Es würde uns aber sehr leid thun, wenn wir durch unsere Nähe das Vergnügen der Damen und die Unterhaltung einer so achtbaren Gesellschaft irgend störten. Sagen Sie gerade heraus, wenn wir Ihnen unbequem sind, suchen wir uns einen andern Platz.

Piepenbrink. Sie scheinen ein fideler Mann und sind mir durchaus nicht unbequem, mein Herr Doctor Bolz – so war ja wohl der Name?

Frau Piepenbrink. Auch wir sind fremd hier und haben uns eben erst niedergesetzt. – Piepenbrink! *(stößt ihn leise an.)*

Piepenbrink. Wissen Sie was, Herr Doctor, da Sie den gelbgesiegelten aus meinem Keller doch schon kennen und ein sehr verständiges Urtheil abgegeben haben, wie wär's, wenn Sie ihn hier noch einmal versuchten? Die Sorte wird Ihnen besser schmecken. Setzen Sie sich zu uns, wenn Sie nichts Anderes vorhaben, wir schwatzen dann eins zusammen.

Bolz *(mit Haltung, wie in dieser ganzen Scene, in welcher er wie Kämpe durchaus nicht zudringlich erscheinen dürfen)*. Das ist ein sehr freundliches Anerbieten und wir nehmen es mit Dank an. Haben Sie die Güte, vortrefflicher Herr, uns mit Ihrer Gesellschaft bekannt zu machen.

Piepenbrink. Das hier ist meine Frau.

Bolz. Zürnen Sie nicht über unser Eindringen, Madame, wir versprechen recht artig zu sein und so gute Gesellschafter, als zwei schüchternen Junggesellen nur möglich ist.

Piepenbrink. Hier ist meine Tochter!

Bolz *(zu Frau Piepenbrink)*. Aus der Aehnlichkeit war das zu errathen.

Piepenbrink. Hier Herr Kleinmichel, mein Freund, und hier Fritz Kleinmichel, der Bräutigam meiner Tochter.

Bolz. Ich wünsche Ihnen Glück, meine Herren, zu einer so holden Nachbarschaft. *(zu Piepenbrink)* Erlauben Sie mir, mich neben die Dame vom Hause zu setzen; Kämpe, ich dächte, Sie nähmen Platz neben dem Herrn Kleinmichel. *(setzen sich.)* So ist bunte Reihe. – Kellner! *(Der Kellner tritt zu ihm.)* Zwei Flaschen von diesem hier!

Piepenbrink. Halt da! Den Wein finden Sie hier nicht, ich habe meine Sorte mitgebracht, Sie müssen mit mir trinken.

Bolz. Aber, Herr Piepenbrink –

Piepenbrink. Keine Einrede! Sie sollen mit mir trinken. Und wenn ich Jemandem sage, er soll mit mir trinken, Herr, so meine ich nicht nippen, wie die Frauen, sondern trink aus, schenk ein. Darnach mögen Sie sich richten.

Bolz. Gut, ich bin's zufrieden. Wir nehmen Ihre Gastfreundschaft so dankbar an, als sie herzlich geboten wurde. Aber Sie müssen mir dann erlauben, mich zu revanchiren. Am nächsten Sonntag sind Sie sämmtlich meine Gäste, wollen Sie? Sagen Sie Ja, mein gütiger Wirth! Punkt sieben Uhr freundschaftliches Abendessen, ich bin unverheiratet, also in einem anständigen ruhigen Hotel. Geben Sie Ihre Einwilligung, verehrte Frau, – schlagen Sie ein, Herr Piepenbrink, Sie auch, Herr Kleinmichel und Herr Fritz! *(hält Allen die Hand hin.)*

Piepenbrink. Wenn's meine Frau zufrieden ist, ich kann mir's wohl gefallen lassen.

Bolz. Angenommen, abgemacht. Und jetzt die erste Gesundheit: – Der gute Geist, welcher uns heut zusammengeführt hat, er soll leben – *(herumfragend)* wie heißt der Geist?

Fritz Kleinmichel. Der Zufall.

Bolz. Nein, er trägt eine gelbe Mütze.

Piepenbrink. Der gelbgesiegelte heißt er.

Bolz. Richtig. Er soll leben! Wir wünschen dem Herrn eine recht lange Dauer, wie die Katze zum Vogel sagte, als sie ihm den Kopf abbiß.

Kleinmichel. Wir lassen ihn leben, indem wir ihm den Garaus machen.

Bolz. Gut bemerkt. Vivat!

Piepenbrink. Vivat! *(Sie stoßen an. Piepenbrink zu seiner Frau)* Es wird heut noch gut.

Frau Piepenbrink. Es sind sehr bescheidne, nette Leute.

Bolz. Sie glauben gar nicht, wie froh ich bin, daß unser Glück uns in so gute Nachbarschaft geführt hat. Denn dort drin ist zwar Alles sehr hübsch hergerichtet –

Piepenbrink. Alles, was wahr ist, es ist sehr anständig.

Bolz. Sehr anständig! Aber diese politische Gesellschaft ist doch nicht nach meinem Geschmack.

Piepenbrink. Ach so! Sie gehören wohl nicht zu der Partei, deshalb gefällt es Ihnen nicht.

Bolz. Das ist es nicht! Aber wenn ich mir denke, diese Leute sind nicht zusammengebeten, damit sie recht von Herzen vergnügt sind, sondern damit sie nächstens ihre Stimmen dem oder jenem Herrn geben, so werde ich kalt.

Piepenbrink. So ist es doch wohl nicht gemeint. Darüber wäre noch zu reden; nicht wahr, Gevatter?

Kleinmichel. Ich hoffe, es wird hier keine Verpflichtung unterschrieben.

Bolz. Vielleicht auch nicht. Ich habe keine Stimme abzugeben und ich lobe mir eine Gesellschaft, wo man an nichts Anderes denkt, als sich mit seinem Nachbar zu freuen und aufmerksam zu sein gegen die Königinnen der Gesellschaft, gegen holde Frauen! Stoßen Sie an, meine Herren, auf das Wohl der Frauen, der beiden, welche unsern Kreis schmücken! *(Alle stoßen an.)*

Piepenbrink. Komm her, Lotte, du sollst leben!

Bolz. Mein Fräulein, erlauben Sie einem Fremden, auf das Glück Ihrer Zukunft anzustoßen.

Piepenbrink. Was wird denn eigentlich da drin noch vorgenommen?

Fritz Kleinmichel. Ich höre, bei Tische wird man Reden halten, und der Wahlcandidat, der Oberst Berg, soll vorgestellt werden.

Piepenbrink. Ein sehr respectabler Herr!

Kleinmichel. Ja, es ist eine gute Wahl, welche die Herren vom Comité getroffen haben.

Adelheid.

Adelheid *(im Hintergrunde, dann gleichgültig eintretend)*. Hier sitzt er? Was ist das für eine Gesellschaft?

Kämpe. Man erzählt, der Professor Oldendorf hat große Aussicht gewählt zu werden. Es sollen Viele sein, die für ihn stimmen werden.

Piepenbrink. Ich sage nichts gegen ihn, aber für meinen Geschmack ist er zu jung.

Senden, später Blumenberg und Gäste.

Senden *(im Hintergrunde)*. Sie hier, mein Fräulein?

Adelheid. Ich amusire mich, diese drolligen Leute zu beobachten. Sie thun, als wäre die übrige Gesellschaft nicht auf der Welt.

Senden. Was seh' ich? Das sitzt ja die Union selbst und bei einer der wichtigsten Personen des Festes! *(Musik schweigt.)*

Bolz *(der sich unterdeß mit Frau Piepenbrink unterhalten, aber mit Aufmerksamkeit zugehört hat, zu Frau Piepenbrink).* Ah, sehen Sie, die Herren können es doch nicht lassen, von Politik zu sprechen. Erwähnten Sie nicht den Professor Oldendorf?

Piepenbrink. Ja, mein lustiger Herr Doctor, so gelegentlich.

Bolz. Wenn Sie von dem sprechen, so bitte ich herzlich, reden Sie Gutes von ihm, denn er ist der beste, edelste Mensch den ich kenne.

Piepenbrink. So? Sie kennen ihn?

Kleinmichel. Sie sind wohl einer seiner Freunde?

Bolz. Mehr als das. Wenn heut der Professor zu mir sagte: Bolz, es ist mir nützlich, daß du ins Wasser springst, ich müßte hineinspringen, so unangenehm mir auch gerade jetzt wäre, im Wasser zu ertrinken.

Piepenbrink. Oho, das ist stark!

Bolz. Ich habe in dieser Gesellschaft kein Recht, über Wahlcandidaten mitzusprechen. Aber wenn ich einen Abgeordneten zu wählen hätte, er müßte es werden, er zuerst.

Piepenbrink. Sie sind ja sehr für den Mann eingenommen.

Bolz. Seine politischen Ansichten kümmern mich hier nicht. Aber was verlange ich von einem Deputirten? Daß er ein Mann ist; daß er ein warmes Herz hat und ein sicheres Urtheil, und ohne Schwanken und Umherfragen weiß, was gut und recht ist; und dann, daß er auch die Kraft hat zu thun, was er für recht erkennt, ohne Zaudern, ohne Bedenken.

Piepenbrink. Bravo!

Kleinmichel. Aber so ein Mann soll der Oberst auch sein.

Bolz. Möglich, daß er so ist, ich weiß es nicht; von Oldendorf aber weiß ich's. Ich habe ihm recht ins Herz hinein gesehen, bei einer Unannehmlichkeit, die mir widerfuhr. Ich war einmal gerade im Begriff zu Pulver zu verbrennen, da hatte er die Aufmerksamkeit, das zu verhindern. Ihm verdanke ich, daß ich hier sitze, er hat mir das Leben gerettet.

Senden. Er lügt abscheulich! *(will vor.)*

Adelheid *(ihn zurückhaltend).* Still! Ich glaube, an der Geschichte ist etwas Wahres!

Piepenbrink. Na, daß er Ihnen das Leben gerettet hat, war recht schön; indeß dergleichen kommt oft vor.

Frau Piepenbrink. Erzählen Sie doch, Herr Doctor!

Bolz. Die kleine Begebenheit ist wie hundert andere, und sie wäre mir gar nicht interessant, wenn ich sie nicht selbst erlebt hätte. Denken Sie sich ein altes Haus, ich bin Student und wohne darin drei Treppen hoch. In dem Hause mir gegenüber wohnt ein junger Gelehrter; wir kennen einander nicht. Mitten in einer Nacht weckt mich ein wüster Lärm und ein merkwürdiges Knistern unter mir. Wenn das Mäuse waren, so mußten sie einen Fackeltanz aufführen, denn meine Stube war hell erleuchtet. Ich springe an das Fenster, da schlägt die helle Flamme aus dem Stockwerk unter mir bis zu mir herauf, meine Fensterscheiben springen um meinen Kopf herum und ein nichtswürdiger Qualm dringt auf mich ein. Weil es unter diesen Umständen ungemüthlich wurde, sich zum Fenster hinauszulegen, so laufe ich an die Thür und öffne. Auch die Treppe kann die Gemeinheit nicht verleugnen, welche altem Holz eigen ist, die brennt in heller Flamme. Drei Treppen hoch und kein Ausweg, ich gab mich verloren! – Halb besinnungslos stürzte ich zum Fenster zurück, ich hörte, daß man auf der Straße rief: ein Mensch, ein Mensch! die Leiter her! – Eine Leiter wurde angelegt, sie fing im Nu an zu rauchen und zu brennen, wie Zunder, sie wurde weggerissen. Da rauschten die Wasserstrahlen aller Spritzen in die Flamme unter mir, ich hörte deutlich, wie jeder einzelne Strahl auf der glühenden Mauer anschlug. Eine neue Leiter wurde angelegt, es war unten totenstill und Sie können denken, daß auch ich keine Lust hatte, in meinem feurigen Ofen Spectakel zu machen. Unten riefen die Leute: »es geht nicht«, da klang eine volle Stimme durch: »höher die Leiter« – sehen Sie, ich wußte auf der Stelle, daß dies die Stimme meines Retters war. »Schnell«, riefen die Leute unten. Da drang eine neue Dampfwolke in die Stube, ich hatte genug von dem dicken Rauche verschluckt und legte mich am Fenster auf den Fußboden.

Frau Piepenbrink. Armer Herr Doctor!

Piepenbrink *(eifrig)*. Weiter!

Senden *(will voreilen)*.

Adelheid *(ihn zurückhaltend)*. Bitte, lassen Sie ihn ausreden, die Geschichte ist wahr!

Bolz. Da faßt mich eine Menschenhand am Genick, ein Seil wird mir unter die Arme geschlungen und eine kräftige Faust hebt mich vom Boden. Im Augenblick darauf war ich auf der Leiter, halb gezogen, halb getragen, mit brennendem Hemd und ohne Bewußtsein kam ich auf dem Steinpflaster an. – Ich erwachte in dem Zimmer des jungen Gelehrten. Außer einigen kleinen Brandwunden hatte ich nichts in die neue Wohnung herübergebracht. Alle meine Habe war verbrannt. Der fremde Mann pflegte mich und sorgte für mich, wie ein Bruder für den andern. – Erst als ich wieder ausgehen konnte, erfuhr ich, daß dieser Gelehrte, der mich bei sich aufgenommen hatte, derselbe Mann war, der mir in jener Nacht auf der Leiter seinen Besuch gemacht hatte. – Sehen Sie, der Mann hat das Herz auf dem rechten Fleck, und deshalb wünsche ich ihm, daß er jetzt Deputirter werde, und deshalb könnte ich für ihn thun, was ich für mich selbst nicht thäte; ich könnte für ihn werben, intriguiren und ehrliche Leute zum Besten haben. – Dieser Mann ist Professor Oldendorf.

Piepenbrink. Das ist ja ein unbändig ehrenwerther Mann. *(aufstehend)* Er soll leben, hoch! *(Alle stehen auf und stoßen an.)*

Bolz *(sich gegen Alle freundlich verneigend, zu Frau Piepenbrink.)* Ich sehe warme Theilnahme in Ihren Augen glänzen, edle Frau, ich danke Ihnen dafür! – Herr Piepenbrink, ich bitte um die Erlaubniß, Ihnen die Hand zu schütteln. Sie sind ein braver Mann. *(Klopft ihm auf den Rücken, umarmt ihn.)* Geben Sie mir Ihre Hand, Herr Kleinmichel! *(Umarmt ihn.)* Sie auch, Herr Fritz Kleinmichel! Möge Ihnen nie ein Kind im Feuer sitzen, wenn es aber darin sitzt, immer ein wackerer Mann bei der Hand sein, der es heraus holt; kommen Sie näher, ich muß Sie umarmen.

Frau Piepenbrink *(gerührt)*. Piepenbrink, wir haben morgen Kalbsbraten. Was meinst du? *(spricht leise mit ihm.)*

Adelheid. Er wird sehr übermüthig!

Senden. Er ist unerträglich, ich sehe, daß Sie empört sind wie ich. Er fängt uns die Leute, es ist nicht länger zu dulden.

Bolz *(der um den Tisch gegangen war, zurückkehrend, vor Frau Piepenbrink stehen bleibend)*. Es ist eigentlich Unrecht, hier still zu halten. Herr Piepenbrink, Hausherr, ich frage an, ich bitte um die Erlaubniß, die Hand oder den Mund?

Adelheid *(ängstlich auf der Seite rechts nach vorn)*. Er küßt sie wahrhaftig!

Piepenbrink. Nur zu, alter Bursch, Courage!

Frau Piepenbrink. Piepenbrink, ich erkenne dich nicht wieder!

Adelheid *(geht in dem Augenblick, wo Bolz Frau Piepenbrink küssen will, wie zufällig bei ihnen vorbei, quer über die Bühne, und hält ihren Ballstrauß zwischen Bolz und Frau Piepenbrink; leise, schnell zu Bolz)*: Sie gehen zu weit, Sie sind beobachtet. *(Von links nach dem Hintergrund und ab.)*

Bolz. Eine Fee intervenirt!

Senden *(der schon vorher einige andere Gäste, unter ihnen Blumenberg, geschäftig angesprochen hat, in demselben Augenblick geräuschvoll vor, zu der Tischgesellschaft:)* Er ist anmaßend, er hat sich eingedrängt!

Piepenbrink *(mit der Hand aufschlagend und sich erhebend)*. Oho! das wäre mir was! Wenn ich meine Frau küsse, oder küssen lasse, so geht das Niemanden etwas an. Niemanden! Kein Mann und kein Weib und keine Fee hat das Recht, ihr die Hand vor den Mund zu legen.

Bolz. Sehr richtig! ausgezeichnet, hört! hört!

Senden. Verehrter Herr Piepenbrink! Nichts gegen Sie, die Gesellschaft ist sehr erfreut, Sie an diesem Orte zu sehen. Nur Herrn Bolz wollen wir bemerken, daß seine Gegenwart hier Aufsehen erregt. Er hat so entschieden andere politische Grundsätze, daß wir sein Erscheinen bei diesem Fest als ein unpassendes Eindrängen betrachten müssen.

Bolz. Ich hätte andere politische Grundsätze? Ich kenne in Gesellschaft keinen andern politischen Grundsatz, als den einen, mit braven Leuten zu trinken, und mit solchen, die ich nicht für brav halte, nicht zu trinken. Mit Ihnen, mein Herr, habe ich nicht getrunken.

Piepenbrink *(auf den Tisch schlagend)* Das war gut gegeben.

Senden *(hitzig)*. Sie haben sich hier eingedrängt!

Bolz *(entrüstet)*. Eingedrängt?

Piepenbrink. Eingedrängt? Alter Junge, ihr habt doch eine Eintrittskarte?

Bolz *(mit Biederkeit)*. Hier ist meine Karte! Nicht Ihnen zeige ich sie, sondern diesem Ehrenmanne, mit welchem Sie mich durch Ihren Ueberfall in Unfrieden bringen wollen. – Kämpe, geben Sie Ihre Karte Herrn Piepenbrink! Er ist der Mann, über alle Karten der Welt zu urtheilen.

Piepenbrink. Das sind zwei Karten, die ebenso richtig sind als meine. Ihr habt sie ja allenthalben ausgetragen, wie sauren Most. – Ho ho! ich sehe wohl, wie die Sache steht. Ich gehöre auch nicht zu eurer Geschichte, mich aber wollt ihr haben. Deshalb seid ihr mir zwei oder dreimal ins Haus gelaufen, weil ihr dachtet mich zu kapern. Weil ich Wahlmann bin, deshalb liegt euch an mir; aber dieser Ehrenmann ist kein Wahlmann, an dem liegt euch nichts. Solche Schliche kennen wir!

Senden. Aber Herr Piepenbrink –

Piepenbrink *(ihn unterbrechend, heftiger)*. Ist es recht, deshalb einen ruhigen Gast zu beleidigen? Ist es recht, meiner Frau den Mund zuzuhalten? Das ist eine Ungerechtigkeit gegen diesen Mann, und er soll jetzt hier sitzen bleiben, so gut wie ich! und neben mir soll er hier bleiben! Und wer sich untersteht, ihn anzugreifen, der hat es mit mir zu thun!

Bolz. Eure Faust, braver Herr! Ihr seid ein treuer Kamerad. So Hand in Hand mit dir, trotz' ich dem Capulet und seiner ganzen Sippschaft.

Piepenbrink. Mit *dir!* Hast Recht, alter Junge. Komm her, sie sollen sich ärgern, daß sie bersten. Auf Du und Du! *(Trinken Brüderschaft.)*

Bolz. Vivat Piepenbrink!

Piepenbrink. So, altes Haus! und weißt du was? weil wir so gemüthlich beisammen sind, so denke ich, wir lassen diese hier machen, was sie wollen, und ihr alle kommt zu mir nach Hause, dort braue ich eine Bowle, und wir sitzen lustig zusammen, wie die Staare. Ich führe dich, ihr Andern geht voraus.

Senden *(und Gäste)*. Aber hören Sie doch, verehrter Herr Piepenbrink!

Piepenbrink. Nichts will ich hören, abgemacht!

Bellmaus, noch mehr Gäste.

Bellmaus *(eilig durch den Haufen)*. Hier bin ich!

Bolz. Mein Neffe! Holde Madame, ich stelle diesen unter Ihren Schutz! Neffe, du führst Madame Piepenbrink. *(Frau Piepenbrink faßt Bellmaus kräftig unter den Arm und hält ihn fest. Polka hinter der Scene.)* Lebt wohl, ihr Herren, ihr seid nicht im Stande, uns die Laune zu verderben. Dort beginnt die Musik. Wir marschiren im Festzuge ab, und noch einmal ruf' ich zum Schlusse: Vivat Piepenbrink!

Die Abziehenden. Vivat Piepenbrink! *(marschiren im Triumph ab. Fritz Kleinmichel mit seiner Braut, Kämpe mit Kleinmichel, Frau Piepenbrink mit Bellmaus, zuletzt Bolz mit Piepenbrink.)*

Oberst.

Oberst. Was geht hier vor?

Senden. Ein nichtswürdiger Skandal! Die Union hat uns die beiden wichtigsten Wahlmänner entführt!

Der Vorhang fällt.

Dritter Akt.

Scene:

Gartensaal des Obersten.

Der Oberst im Vordergrunde mit starken Schritten auf- und abgehend. Im Hintergrunde Adelheid und Ida Arm in Arm, letztere in lebhafter Bewegung. Kurze Pause. Darauf:

Senden.

Senden *(eilig zur Mittelthüre hereinrufend)*. Es geht gut! 37 Stimmen gegen 29.

Oberst. Wer hat 37 Stimmen?

Senden. Natürlich Sie, Herr Oberst!

Oberst. Natürlich! *(Senden ab.)* – Der Wahltag ist unerträglich! In keiner Affaire meines Lebens habe ich dieses Gefühl von Angst gehabt! Es ist ein nichtswürdiges Kanonenfieber, das sich für keinen Fähnrich schickt! Und es ist lange her, daß ich Fähnrich war. *(Aufstampfend)* Verdammt! *(Geht nach dem Hintergrunde.)*

Ida *(mit Adelheid in den Vordergrund tretend.)* Diese Ungewißheit ist schrecklich! Nur eines weiß ich sicher, ich werde unglücklich, wie diese Wahl auch ausfällt. *(lehnt sich an Adelheid.)*

Adelheid. Muth! Muth! mein kleines Mädchen; es kann noch Alles gut werden. Verbirg deine Angst dem Vater, er ist ohnedies in einer Stimmung, die mir nicht gefällt.

Blumenberg.

Blumenberg *(eilig an der Thür, der Oberst ihm entgegen)*.

Oberst. Nun, mein Herr, wie steht's?

Blumenberg. 41 Stimmen für Sie, 34 Stimmen für unsern Gegner, drei Stimmen sind auf Andere gefallen. Die Stimmen werden jetzt sehr einzeln zu Protokoll gegeben, aber die Differenz zu Ihren Gunsten bleibt so ziemlich dieselbe. Noch 8 Stimmen für Sie, Herr Oberst, und der Sieg ist erfochten. Es ist jetzt die höchste Wahrscheinlichkeit, daß wir siegen. Ich eile zurück, die Entscheidung naht. Ich empfehle mich den Damen. *(Ab.)*

Oberst. Ida!

Ida *(eilt zu ihm)*.

Oberst. Bist du meine gute Tochter?

Ida. Mein lieber Vater!

Oberst. Ich weiß, was dich ängstigt, mein Kind. Du bist am schlimmsten dran. Tröste dich, Ida: wenn, wie es den Anschein hat, der junge Herr von der Feder dem alten Soldaten das Feld räumen muß, dann wollen wir weiter reden. Oldendorf hat es nicht um mich verdient, es ist Vieles an ihm, was mich ärgert. Aber du bist mein einziges Kind, ich werde nur daran denken. – Jetzt gilt es zuerst den Trotz des Jungen zu brechen! *(Läßt Ida los, geht wieder auf und ab.)*

Adelheid *(im Vordergrunde für sich)*. Der Barometer ist gestiegen, die Sonne der Gnade bricht durch die Wolken. Wenn nur Alles vorbei wäre, solche Aufregung ist ansteckend. *(zu Ida)* Du siehst, es ist noch nicht nöthig, daß du ins Kloster gehst.

Ida. Wenn aber Oldendorf unterliegt, wie wird er das tragen?

Adelheid *(die Achseln zuckend)*. Er verliert einen Sitz in einer ungemüthlichen Gesellschaft, und gewinnt dafür eine kleine amusante Frau. Ich dächte, er könnte zufrieden sein. In jedem Falle wird er Gelegenheit haben, seine Reden zu halten. Ob er sie nun in *der* oder in *der* Kammer hält! Ich glaube, du wirst ihm andächtiger zuhören, als jeder andere Abgeordnete.

Ida *(schüchtern)*. Aber, Adelheid, wenn es nun besser für das Land wäre, daß Oldendorf gewählt wird?

Adelheid. Ja, mein Schatz, da ist dem Lande nicht zu helfen. Unser Staat und die übrigen Länder in Europa müssen zusehen, wie sie ohne den Professor zurecht kommen; du bist dir selbst die Nächste, du willst ihn heiraten, du gehst vor!

Karl.

Was bringen Sie, Karl?

Karl. Herr von Senden läßt sich empfehlen und melden: 47 zu 42, der Wahlcommissar habe ihm bereits gratulirt.

Oberst. Gratulirt? – Halt' meine Uniform bereit, laß dir den Schlüssel zum Weinkeller geben und richte vor, es ist möglich, daß wir heut Abend Besuch erhalten.

Karl. Zu Befehl, Herr Oberst. *(Ab.)*

Oberst *(für sich, im Vordergrunde)*. Nun, junger Herr Professor? Mein Stil gefällt Ihnen nicht! Es mag sein, – ich gebe zu, daß Sie ein besserer Journalist sind; hier aber, wo es Ernst gilt, sollen Sie doch einmal nicht Recht behalten! – *(Pause.)* Vielleicht wird es nöthig, daß ich heut Abend einige Worte rede. Vor meinem Regiment hatte ich doch den Ruf, daß ich immer treffend zu sprechen wußte, aber bei diesen Manövern im Civilrock fühle ich mich unsicher. Ueberlegen wir! Es wird schicklich sein, daß ich in meiner Rede auch Oldendorf erwähne, natürlich mit Achtung und Anerkennung. Ja wohl, das muß ich thun. Er ist ein redlicher Mann von vortrefflichem Herzen, und ein Gelehrter von gutem Urtheil. Und er kann sehr liebenswürdig sein, wenn man von seinen politischen Theorien absieht. Wir haben glückliche Abende mit einander verlebt. Und wenn wir so zusammen saßen bei meinem dicken Theekessel, und der ehrliche Junge anfing seine Geschichten zu erzählen, da hingen Ida's Augen an seinem Gesicht und glänzten vor Vergnügen, und ich glaube, meine alten Augen auch. Es waren prächtige Abende! Warum sind sie nicht mehr? Bah, sie werden wiederkommen. Er wird seine Niederlage still ertragen, wie es seine Art ist, eine gute, wohlthuende Art! Keine Empfindlichkeit in ihm! Er ist doch im Grunde ein vortrefflicher Mensch, und Ida und ich wir würden glücklich mit ihm sein. – Und deshalb, meine Herren Wähler – Aber Donnerwetter! Das alles kann ich doch nicht den Wählern sagen. – Ich werde sagen –

Senden.

Senden *(aufgeregt eintretend)*. Schändlich! schändlich! Alles ist verloren!

Oberst. Ha! *(Steht sogleich in militärischer Fassung.)*

Ida. Meine Ahnung! – Mein Vater! *(eilt zu ihm.)*

Adelheid *(zugleich)*. O weh!

Senden. Es stand vortrefflich. Wir hatten 47, die Gegner 42 Stimmen, 8 Stimmen waren noch nicht abgegeben, nur zwei davon für uns, und der Tag war unser. Die Stunde war gekommen, wo nach dem Gesetz das Protokoll geschlossen werden muß. Alles sah nach der Uhr und rief nach den säumigen Wahlmännern. Da polterte es auf dem Vorsaal; ein Haufe von acht Personen drang geräuschvoll in den Saal, an ihrer Spitze der grobe Weinhändler Piepenbrink, derselbe, welcher neulich bei dem Fest –

Adelheid. Wir wissen, erzählen Sie weiter –

Senden. Einer nach dem andern aus der Gesellschaft trat vor, gab seine Stimme, und »Professor Eduard Oldendorf« kam aus jedem Munde. – Der letzte war dieser Piepenbrink. Bevor er die Stimme abgab, frug er seinen Nachbar: Hat's der Professor sicher? – Ja, war die Antwort. Und ich wähle als letzter Wahlmann zum Deputirten – *(hält inne)*

Adelheid. Den Professor?

Senden. Nein. Einen sehr gescheidten und pfiffigen Politikus, wie er sagte: den Doctor Konrad Bolz – und damit drehte er kurz um, und ihm folgten seine Spießgesellen.

Adelheid *(bei Seite, lächelnd)*. Ah!

Senden. Oldendorf ist Abgeordneter durch ein Mehr von zwei Stimmen.

Oberst. Ei!

Senden. Es ist schändlich! Niemand ist an diesem Ausfall schuld, als diese Journalisten von der Union. Das war ein Laufen, ein Intriguiren, ein Händeschütteln mit allen Wahlmännern, ein Lobpreisen dieses Oldendorf und ein Achselzucken über uns und über Sie, verehrter Herr!

Oberst. So?

Ida. Das Letzte ist nicht wahr!

Adelheid *(zu Senden)*. Nehmen Sie Rücksicht und schonen Sie hier.

Oberst. Du zitterst, meine Tochter. – Du bist ein Weib und läßt dich von solchen Kleinig-
keiten zu sehr angreifen. – Ich will nicht, daß du diese Nachrichten länger anhörst. Geh, mein
Kind! – Dein Freund hat ja gesiegt, für dich ist kein Grund zu weinen. Helfen Sie, Fräulein!

Ida *(wird von Adelheid bis zur Seitenthür links geführt, bittend:)* Laß mich, bleibe dem Vater!

Senden. Der schlechte Geist und der Uebermuth, mit welchem diese Zeitung redigirt wird,
ist auf Ehre nicht länger zu ertragen. – Herr Oberst, da wir allein sind – denn Fräulein Adelheid
wird mir erlauben, sie zu den Unsrigen zu rechnen, – wir haben die Möglichkeit, uns glänzend
zu rächen; sie haben ihr Wesen am längsten getrieben. Ich habe bereits vor längerer Zeit den
Eigenthümer der Union sondiren lassen. Er ist nicht abgeneigt die Zeitung zu verkaufen, und
hat nur noch sein Bedenken über die sogenannte Partei, welche das Blatt gegenwärtig in Händen
hat. An dem Ressourcenabend habe ich selbst mit ihm gesprochen.

Adelheid. Was hör' ich?

Senden. Dieser Ausfall der Wahl wird bei allen unsern Freunden die größte Erbitterung hervorrufen, und ich zweifle nicht, daß wir in wenigen Tagen durch Actienzeichnung die Kaufsum-
me zusammenbringen. Das wäre ein tötlicher Schlag für unsere Gegner, ein Triumph der guten
Sache. Das gelesenste Blatt der Provinz in unserer Hand, redigirt durch ein Comité –

Adelheid. Dem Herr von Senden seine Hilfe nicht versagen würde.

Senden. Es wäre meine Pflicht, mich dabei zu betheiligen. – Herr Oberst, wenn Sie mit un-
terzeichnen wollten, Ihr Beispiel würde den Kauf im Augenblick sichern.

Oberst. Mein Herr, was Sie zum Besten Ihrer politischen Tendenzen thun, das mögen Sie
thun. Der Professor Oldendorf ist aber in meinem Hause ein gern gesehener Gast gewesen, ich
werde nie hinter seinem Rücken gegen ihn arbeiten. – Sie hätten mir diese Stunde erspart, wenn
Sie mich nicht früher durch Ihre Versicherungen über die Stimmung der Majorität getäuscht
hätten. Indeß zürne ich Ihnen nicht, Sie haben in bester Meinung gehandelt, ich bin davon
überzeugt. – Ich bitte die Anwesenden um Entschuldigung, wenn ich mich für heut zurückziehe,
ich hoffe Sie morgen wiederzusehen, lieber Senden.

Senden. Unterdeß werde ich die Subscription für Ankauf der Zeitung vorbereiten. Ich empfehle mich Ihnen. *(Ab.)*

Oberst. Verzeihen Sie, Adelheid, daß ich Sie allein lasse, ich wünsche einige Briefe zu schreiben, und *(mit gezwungenem Lachen)* – meine Zeitungen zu lesen.

Adelheid *(theilnehmend)*. Darf ich Ihnen nicht gerade jetzt Gesellschaft leisten?

Oberst *(mit Anstrengung)*. Mir ist jetzt besser allein. *(Ab durch die Mittelthür.)*

Adelheid *(allein)*. Mein armer Oberst! Die gekränkte Eitelkeit arbeitet heftig in seiner getreu-
en Seele! – Und Ida? *(öffnet leise die Thür links, bleibt stehen.)* Sie schreibt! Es ist nicht schwer zu
rathen, an wen. *(schließt die Thür.)* – Und all das Unheil hat der böse Geist Journalismus angerichtet. Alle Welt klagt über ihn und Jedermann möchte ihn für sich benutzen. Mein Oberst
hat so lange die Zeitungsschreiber verachtet, bis er selbst einer geworden ist, und Senden läßt
keine Gelegenheit vorüber, auf meine guten Freunde von der Feder zu schelten, nur um selbst
an ihre Stelle zu treten. Ich sehe kommen, daß Piepenbrink und ich noch Journalisten werden
und zusammen ein kleines Blatt unter dem Titel: »Der unartige Bolz« herausgeben. – Also die
Union ist in Gefahr heimlich verkauft zu werden? Dem Konrad wäre das recht heilsam, er müßte
dann auch an andere Dinge denken, als an die Zeitung. Ach, der Schelm würde sogleich eine
neue anfangen. –

Oldendorf, Karl, dann Ida.

Oldendorf *(noch außerhalb des Saales)*. Und der Herr Oberst ist nicht zu sprechen?

Karl. Für Niemand, Herr Professor.

Adelheid *(Oldendorf entgegen)*. Lieber Professor, es ist nicht gut, daß Sie gerade jetzt kommen. Wir sind sehr gekränkt und unzufrieden mit der Welt, ganz besonders aber mit Ihnen.

Oldendorf. Ich fürchte das, aber ich muß ihn sprechen.

Ida *(aus der Thür links ihm entgegen)*. Eduard! ich wußte, daß Sie kommen würden.

Oldendorf. Meine liebe Ida! *(Umarmt sie.)*

Ida *(an seinem Halse)*. Und was soll jetzt aus uns werden?

Oberst *(der durch die Mittelthür eingetreten, mit erzwungener Ruhe).* Du sollst darüber nicht in Ungewißheit bleiben, meine Tochter! – Sie, Herr Professor, bitte ich zu vergessen, daß Sie in diesem Hause einst Freundschaft gefunden haben; von dir fordre ich, daß du nicht mehr an die Stunden denkst, wo dich dieser Herr von seinen Gefühlen unterhalten hat. – *(heftiger)* Still, in meinem Hause wenigstens ertrage ich von einem Journalisten keine Angriffe. Vergiß ihn, oder vergiß, daß du meine Tochter bist. Hinein! *(führt Ida ohne Härte ab nach links, stellt sich vor die Thür.)* Auf diesem Posten, mein Herr Redacteur und Abgeordneter, vor dem Herzen meines Kindes sollen Sie mich nicht schlagen. *(Ab nach links.)*

Adelheid *(bei Seite.)* O weg, das ist arg!

Oldendorf *(bevor der Oberst sich zum Abgang wendet, entschlossen).* Herr Oberst, es ist unedel, mir jetzt eine Unterredung zu verweigern! *(geht auf die Thür zu.)*

Adelheid *(ihm schnell in den Weg tretend).* Halt, nicht weiter! Er ist in einer Aufregung, wo jedes Wort Unheil stiften würde! – Gehen Sie aber nicht so von uns, Herr Professor, schenken Sie mir noch einige Augenblicke.

Oldendorf. Ich muß in dieser Stimmung Ihre Nachsicht erbitten. Lange habe ich eine ähnliche Scene gefürchtet, und fühle jetzt doch kaum die Kraft, meine Fassung zu bewahren.

Adelheid. Sie kennen unsern Freund, und wissen, daß sein lebhaftes Gefühl ihn zu Uebereilungen hinreißt, die er wieder gut zu machen eilt.

Oldendorf. Das war schlimmer als eine Laune. Es ist ein Bruch zwischen uns beiden, – ein Bruch, der mir unheilbar scheint.

Adelheid. Unheilbar, Herr Professor? Ist Ihr Gefühl für Ida, wie ich annehme, so ist die Heilung nicht schwer. Wäre es nicht an Ihnen, den Wünschen des Vaters noch jetzt, gerade jetzt nachzugeben? Verdient nicht das Weib, welches Sie lieben, daß Sie Ihren Ehrgeiz wenigstens einmal zum Opfer bringen?

Oldendorf. Meinen Ehrgeiz, ja, meine Pflicht nicht.

Adelheid. Ihr eigenes Glück, Herr Professor, scheint mir für lange, vielleicht für immer zerstört, wenn Sie von Ida auf solche Weise getrennt werden.

Oldendorf *(finster).* Nicht Jeder kann in seinem Privatleben glücklich werden.

Adelheid. Diese Resignation gefällt mir gar nicht, am wenigsten an einem Mann; verzeihen Sie, daß ich das gerade heraussage. *(gutmüthig)* Ist das Unglück denn so groß, wenn Sie einige Jahre später, oder niemals Vertreter dieser Stadt werden?

Oldendorf. Mein Fräulein, ich bin nicht eingebildet, ich schlage meine Kraft nicht eben hoch an, und so weit ich mich kenne, verbirgt sich kein ehrgeiziger Drang auf dem Grund meiner Seele. Es ist möglich, daß, wie jetzt Sie, auch eine spätere Zeit unsern politischen Hader, unsere Parteibestrebungen und was damit zusammenhängt, sehr niedrig schätzen wird. Es ist möglich, daß unser ganzes Arbeiten erfolglos bleibt; es ist möglich, daß vieles Gute, das wir ersehnen, sich, wenn es erreicht ist, in das Gegentheil verkehrt, ja, es ist höchst wahrscheinlich, daß mein eigener Antheil an dem Kampfe oft peinlich, unerquicklich und durchaus nicht das sein wird, was man eine dankbare Thätigkeit nennt; aber das alles darf mich nicht abhalten, dem Kampf und Ringen der Zeit, welcher ich angehöre, mein Leben hinzugeben; denn es ist trotz alledem dieser Kampf das Höchste und Edelste, was die Gegenwart hervorbringt. Nicht jede Zeit erlaubt ihren Söhnen Erfolge zu erobern, welche für alle Zeiten groß bleiben, und ich wiederhole es, nicht jedes Jahrhundert ist geeignet, die Menschen, welche darin leben, stattlich und glücklich zu machen.

Adelheid. Ich denke, jede Zeit ist dazu geeignet, wenn die einzelnen Menschen nur verstehen wollen, tüchtig und glücklich zu werden. *(aufstehend)* Sie, Herr Professor, wollen für das kleine Hausglück Ihres Lebens nichts thun, Sie zwingen Ihre Freunde, für Sie zu handeln.

Oldendorf. Zürnen Sie wenigstens so wenig als möglich, und sprechen Sie für mich bei Ida.

Adelheid. Ich werde versuchen, mit meinem Frauenverstand zu nützen, mein Herr Staatsmann. *(Oldendorf ab.)*

Adelheid *(allein)*. Das also ist einer von den Edlen, Hochgebildeten, von den freien Geistern deutscher Nation? Sehr tugendhaft und außerordentlich vernünftig! er klettert auch aus reinem Pflichtgefühl ins Feuer! Aber etwas zu erobern, die Welt, das Glück, oder gar eine Frau, dazu ist er doch nicht gemacht.

Karl.

Karl *(meldend)*. Herr Doctor Bolz!

Adelheid. Ah! – Der wenigstens wird kein solcher Tugendheld sein! – Wo ist der Herr Oberst?

Karl. Im Zimmer des gnädigen Fräuleins.

Adelheid. Führen Sie den Herrn hier herein. *(Karl ab.)* – Ich fühle einige Verlegenheit, Sie wieder zu sehen, Herr Bolz, ich will mir Mühe geben, Ihnen das nicht zu zeigen.

Bolz.

Bolz. Soeben verläßt Sie eine arme Seele, die vergebens nach ihrer Philosophie sucht, um sich zu trösten; auch ich komme als Unglücklicher, denn ich habe gestern Ihr Mißfallen erregt, und ohne Ihre Gegenwart, welche eine muthwillige Scene abkürzte, würde mir Herr von Senden im Interesse des gesellschaftlichen Anstandes wohl noch ärger mitgespielt haben. Ich danke Ihnen für die Erinnerung, welche Sie mir gaben; ich nehme sie als Beweis, daß Sie mir Ihre freundschaftliche Theilnahme nicht entziehen wollen.

Adelheid *(bei Seite)*. Sehr artig, sehr diplomatisch! – Es ist freundlich von Ihnen, daß Sie mein auffallendes Benehmen so gut deuten. – Aber verzeihen Sie noch eine dreiste Einmischung. Jene Scene mit Herrn von Senden wird doch nicht die Veranlassung zu einer neuen werden?

Bolz *(bei Seite)*. Immer dieser Senden! – Ihr Interesse an ihm soll für mich ein Grund sein, weitere Folgen zu verhüten. Ich glaube, daß ich es vermag.

Adelheid. Ich danke Ihnen. Und jetzt lassen Sie sich sagen, daß Sie ein gefährlicher Diplomat sind. Sie haben hier im Hause eine vollständige Niederlage angerichtet. – An diesem trüben Tage hat mich nur Eins gefreut, die einzelne Stimme, welche Sie zum Deputirten machen wollte.

Bolz. Es war ein toller Einfall des ehrlichen Weinhändlers.

Adelheid. Sie haben sich so viel Mühe gegeben, Ihren Freund durchzusetzen. Warum haben Sie nicht für sich selbst gearbeitet? Der junge Herr, den ich einst kannte, hatte einen hohen Sinn, und nichts erschien seinem fliegenden Ehrgeiz unerreichbar. Sind Sie anders geworden, oder brennt das Feuer noch?

Bolz *(lächelnd)*. Ich bin Journalist geworden, gnädiges Fräulein.

Adelheid. Das ist Ihr Freund auch.

Bolz. Nur so nebenbei, ich aber gehöre zur Zunft. Wer dazu gehört, kann den Ehrgeiz haben, witzig oder bedeutend zu schreiben; was darüber hinausgeht, ist nicht für uns.

Adelheid. Nicht für Sie?

Bolz. Dazu sind wir zu flüchtig, zu unruhig und zerstreut.

Adelheid. Ist das Ihr Ernst, Konrad?

Bolz. Mein völliger Ernst. Warum soll ich mich Ihnen anders zeigen, als ich bin? Wir Zeitungsschreiber füttern unsern Geist mit Tagesneuigkeiten, wir müssen alle Gerichte, welche Satan für die Menschen kocht, in den allerkleinsten Bissen durchkosten, darum müssen Sie uns schon etwas zu Gute halten. Der tägliche Aerger über das Verfehlte und Schlechte, die ewigen kleinen Aufregungen über alles Mögliche, das arbeitet in dem Menschen. Im Anfange ballt man die Faust, später gewöhnt man sich darüber zu spotten. Wer immer für den Tag arbeitet, ist es bei dem nicht auch natürlich, daß er in den Tag hinein lebt?

Adelheid *(unruhig)*. Das ist ja traurig!

Bolz. Im Gegentheil. Es ist ganz lustig. Wir summen wie die Bienen, durchfliegen im Geist die ganze Welt, saugen Honig, wo wir ihn finden, und stechen, wo uns etwas mißfällt. – Ein solches Leben ist nicht gerade gemacht, große Heroen zu bilden, es muß aber auch solche Käuze geben, wie wir sind.

Adelheid *(bei Seite)*. Jetzt fängt der auch an, und er ist noch ärger als der Andere.

Bolz. Wir wollen deshalb nicht gefühlvoll werden! Ich schreibe frisch drauf los, so lange es geht. Geht's nicht mehr, dann treten Andere für mich ein und thun dasselbe. Wenn Konrad Bolz, das Weizenkorn, in der großen Mühle zermahlen ist, so fallen andere Körner auf die Steine, bis das Mehl fertig ist, aus welchem vielleicht die Zukunft ein gutes Brot bäckt zum Besten Vieler.

Adelheid. Nein! Nein! Das ist Schwärmerei, solche Resignation ist ein Unrecht.

Bolz. Solche Resignation findet sich zuletzt bei jedem Berufe. Sie ist nicht Ihr Loos! Ihnen gebührt ein anderes Glück, und Sie werden es finden. – *(Mit Gefühl.)* Adelheid, ich habe Ihnen als Jüngling zärtliche Verse geschrieben und mich in thörichten Träumen gewiegt; ich habe Sie sehr lieb gehabt, und die Wunde, welche mir unsere Trennung schlug, sie schmerzt zuweilen noch. *(Adelheid macht eine abwehrende Bewegung.)* – Erschrecken Sie nicht, ich werde Sie nicht verletzen. – Ich habe lange mit meinem Schicksal gegrollt und hatte Stunden, wo ich mir vorkam wie ein Verstoßener. Aber jetzt, wo Sie vor mir stehen in vollem Glanze, so schön, so begehrungswert, wo mein Gefühl für Sie so warm ist wie jemals, jetzt muß ich doch sagen: Ihr Vater hat zwar rauh an mir gehandelt, aber daß er uns trennte, daß er Sie, die reiche Erbin, an Ansprüche gewöhnt, in bestimmte Kreise eingelebt, verhinderte, Ihr Leben einem wilden Knaben zu schenken, der immer mehr Uebermuth als Kraft gezeigt hatte, das war doch sehr verständig, und er hat ganz recht damit gethan.

Adelheid *(in Aufregung seine Hände ergreifend)*. Ich danke Ihnen, Konrad, ich danke Ihnen, daß Sie so von meinem verstorbenen Vater reden. Ja, Sie sind gut, Sie haben ein Herz; es macht mich sehr glücklich, daß Sie mir das gezeigt haben.

Bolz. Es ist nur ein ganz kleines Taschenherz zum Privatgebrauch, es geschah wider meine Willen, daß es so zum Vorschein kam.

Adelheid. Und jetzt genug von uns beiden. Hier im Hause braucht man unsere Hilfe. Sie haben gesiegt, haben Ihren Willen vollständig gegen uns durchgesetzt, ich unterwerfe mich und erkenne Sie als meinen Meister an. Jetzt aber üben Sie Gnade und werden Sie mein Verbündeter. Bei diesem Streit der Männer ist rauh in das Herz eines Mädchens gegriffen worden, das ich liebe. Ich möchte das gut machen, und wünsche, daß Sie mir dabei helfen.

Bolz. Befehlen Sie über mich.

Adelheid. Der Oberst muß versöhnt werden. Sinnen Sie etwas aus, das geeignet ist, sein krankes Selbstgefühl zu heilen.

Bolz. Ich habe daran gedacht und Einiges vorbereitet. Leider kann ich nichts thun, als ihm fühlbar machen, daß sein Zorn gegen Oldendorf eine Thorheit ist. Den milden Sinn, der zur Versöhnung treibt, werden Sie allein hervorrufen können.

Adelheid. So müssen wir Frauen unser Heil versuchen.

Bolz. Ich eile, unterdeß das Wenige zu thun, was ich vermag.

Adelheid. Leben Sie wohl, Herr Redacteur. Und denken Sie nicht allein an den Lauf der großen Welt, sondern zuweilen auch an eine einzelne Freundin, welche an dem unwürdigen Egoismus leidet, auf ihre eigene Hand das Glück zu suchen.

Bolz. Sie haben immer Ihr Glück darin gefunden, für das Glück Anderer zu sorgen. Wer diesen Egoismus hat, für den ist es keine Kunst, glücklich zu sein. *(Bolz ab.)*

Adelheid *(allein)*. Er liebt mich noch! – Er ist ein zartfühlender, hochherziger Mensch! – Aber auch er ist resignirt, sie sind alle krank, diese Männer. Sie haben keine Courage! Aus lauter Gelehrsamkeit und Nachdenken über sich selbst haben sie das Vertrauen zu sich selbst verloren. Dieser Konrad! warum sagt er nicht zu mir: Adelheid, ich wünsche Sie zur Frau? Er ist ja sonst unverschämt genug! Behüte, er philosophirt über meine Art Glück und seine Art Glück! Es war Alles sehr schön, aber es ist doch nichts als dummes Zeug. – Da sind meine Junker auf dem Land ganz andere Leute. Die tragen kein großes Bündel Weisheit mit sich herum und haben mehr Grillen und Vorurtheile, als verzeihlich ist; aber sie hassen und lieben doch tüchtig und trotzig darauf los, und vergessen die Sorge für ihr eigenes Wohlbefinden niemals. Sie sind besser daran, ich lobe mir das Land, die frische Luft und meine Aecker. – *(Pause; mit*

Entschlossenheit) Die Union soll verkauft werden! Der Konrad soll mir auf das Land, damit er seine Grillen verliert! *(Setzt sich und schreibt; klingelt.)*

Karl.

Diesen Brief an Herrn Justizrath Schwarz, ich bitte ihn, sich in einer dringenden Angelegenheit zu mir zu bemühen. *(Karl ab.)*

Ida.

Ida *(aus der Seitenthür links)*. Ruhelos geh' ich umher! Laß mich hier ausweinen! *(Weint an Adelheids Halse.)*

Adelheid *(zärtlich)*. Armes Kind! Die bösen Männer haben schlimm an dir gehandelt. Traure, mein Liebling, aber sei nicht so stumm und ergeben.

Ida. Ich habe nur den einen Gedanken, er ist für mich verloren, für immer verloren!

Adelheid. Du bist mein braves Mädchen. Aber sei ruhig! Du hast ihn gar nicht verloren! Im Gegentheil, wir wollen machen, daß du ihn weit schöner zurückerhältst. Mit gerötheten Wangen und verklärten Augen soll er wieder vor dich treten, der edle Mann, dein erwählter Halbgott, und um Verzeihung soll dich der Halbgott auch bitten, daß er dir Schmerzen bereitet hat.

Ida *(zu ihr aufsehend)*. Was sagst du?

Adelheid. Höre, heut Nacht hab' ich in den Sternen gelesen, daß du Frau Abgeordnete werden sollst. Ein großer Stern fiel vom Himmel und darauf war mit leserlichen Buchstaben geschrieben: »Ohne Widerrede, sie soll ihn haben!« – Die Erfüllung ist nur an eine Bedingung geknüpft.

Ida. Welche Bedingung? sag' mir's.

Adelheid. Ich habe dir neulich von einem gewissen Fräulein und einem unbekannten Herrn erzählt. Weißt du?

Ida. Ich habe unaufhörlich daran gedacht.

Adelheid. Gut. An demselben Tage, wo diese Dame ihren Ritter wiederfindet, wirst auch du mit deinem Professor versöhnt werden. Nicht eher, nicht später, so steht's geschrieben.

Ida. Ich glaube dir so gern. Und wann wird der Tag kommen?

Adelheid. Ja, mein Schatz, das weiß ich so genau nicht. Aber im Vertrauen, weil wir Mädchen allein sind, die bewußte Dame hat das lange Hoffen und Harren herzlich satt, und ich fürchte, daß sie einen verzweifelten Schritt thut.

Ida *(sie umarmend)*. Mache nur, daß es nicht zu lange dauert.

Adelheid *(sie haltend)*. Still, daß uns kein Mann hört!

Korb.

Was bringen Sie, alter Freund?

Korb. Fräulein, draußen ist Herr Bellmaus, der Freund –

Adelheid. Schon gut; und er will mich sprechen.

Korb. Ja, ich selbst habe ihm zugeredet, sich an Sie zu wenden, er hat Ihnen etwas zu erzählen.

Adelheid. Führen Sie ihn herein! *(Korb ab.)*

Ida. Laß mich fort, ich habe verweinte Augen.

Adelheid. So geh, mein Herz, in wenigen Minuten bin ich wieder bei dir. *(Ida ab.)* Auch der noch! Die ganze Union, einer nach dem andern!

Bellmaus.

Bellmaus *(schüchtern, mit vielen Verbeugungen)*. Sie haben mir erlaubt, gnädiges Fräulein! –

Adelheid *(freundlich)*. Ich freue mich, Sie bei mir zu sehen, und bin neugierig auf die interessanten Entdeckungen, die Sie mir machen wollen.

Bellmaus. Ich möchte Niemandem lieber, als Ihnen, mein gnädiges Fräulein, anvertrauen, was ich gehört habe. Da ich von Herrn Korb erfahren, daß Sie eine Abonnentin unserer Zeitung sind, so habe ich das Vertrauen –

Adelheid. Daß ich auch verdiene, eine Freundin der Redacteure zu sein. Ich danke Ihnen für die gute Meinung.

Bellmaus. Da ist dieser Schmock! Er ist ein armer Mensch, der wenig in guter Gesellschaft gelebt hat, und war bis jetzt Mitarbeiter am Coriolan.

49

Adelheid. Ich erinnere mich, ihn gesehen zu haben.

Bellmaus. Ich gab ihm auf den Wunsch von Bolz einige Gläser Punsch. Darauf wurde er lustig und erzählte mir von einem großen Complot, welches zwischen Senden und dem Redacteur des Coriolan besteht. Diese beiden Herren haben nach seiner Versicherung den Plan, unsern Professor Oldendorf beim Herrn Obersten in Mißcredit zu bringen, und deshalb haben sie den Herrn Oberst angetrieben, Artikel in den Coriolan zu schreiben.

Adelheid. Ist denn der junge Mann, welcher Ihnen diese Entdeckungen gemacht hat, irgendwie zuverlässig?

Bellmaus. Er kann nicht viel Punsch vertragen, und als er drei Gläser getrunken hatte, erzählte er mir das alles freiwillig; sonst halte ich ihn freilich nicht für sehr anständig. Ich glaube, er ist ein guter Kerl, aber anständig? Nein, das ist er doch nicht.

Adelheid *(gleichgültig)*. Würde dieser Herr – welcher die drei Gläser Punsch getrunken hat, wohl bereit sein, seine Enthüllungen vor andern Personen zu wiederholen?

Bellmaus. Er sagte mir, daß er das thun wollte, und sprach auch von Beweisen.

Adelheid *(bei Seite)*. Ah so! – *(laut)* Ich fürchte, die Beweise werden nicht genügend sein. – Und Sie haben dem Professor oder Herrn Bolz keine Mittheilung darüber gemacht?

Bellmaus. Unser Professor ist jetzt sehr beschäftigt, und Bolz ist der beste und lustigste Mensch von der Welt; aber weil er ohnedies mit Herrn von Senden gespannt ist, so glaube ich –

Adelheid *(schnell)*. Und Sie hatten ganz Recht, lieber Herr Bellmaus. – Also sonst sind Sie mit Herrn Bolz zufrieden?

Bellmaus. Er ist ein verträglicher und ausgezeichneter Mensch, und ich stehe mit ihm sehr gut, wir alle stehen gut mit ihm.

Adelheid. Das freut mich.

Bellmaus. Er ist manchmal etwas übermüthig, aber er hat das beste Herz von der Welt.

Adelheid *(bei Seite)*. Aus dem Munde der Kinder und Unmündigen werden ihr die Wahrheit hören.

Bellmaus. Freilich ist er eine rein prosaische Natur, für Poesie hat er keinen Sinn.

Adelheid. Glauben Sie?

Bellmaus. Ja, in der Beziehung wird er oft ausfällig.

Adelheid *(aufbrechend)*. Ich danke Ihnen für Ihre Mittheilungen, auch wenn ich kein Gewicht darauf legen kann, ich freue mich, in Ihnen einen Theil der Redaction kennen zu lernen. Die Herren Journalisten sind, wie ich merke, gefährliche Leute, und es ist gut, ihr Wohlwollen zu erhalten, obgleich ich als unbedeutende Person mich bemühen will, nie Stoff zu einem Zeigungsartikel zu geben. – *(Da Bellmaus zögert zu gehen:)* Kann ich Ihnen noch in irgend etwas dienen?

Bellmaus *(mit Wärme)*. Ja, gnädiges Fräulein, wenn Sie die Güte haben wollen, dieses Exemplar meiner Gedichte anzunehmen. Es sind zwar Jugendgedichte, meine ersten Versuche, aber ich rechne auf Ihre freundliche Nachsicht. *(Zieht ein Buch mit Goldschnitt aus der Tasche, übergibt es.)*

Adelheid. Ich danke Ihnen herzlich, Herr Bellmaus. Noch niemals hat mir ein Dichter seine Werke geschenkt, ich werde das schöne Buch auf dem Lande durchlesen und mich unter meinen Bäumen darüber freuen, daß ich in der Stadt Freunde habe, welche auch an mich denken, wenn sie für Andere das Schöne darstellen.

Bellmaus *(mit Feuer)*. Sein Sie überzeugt, gnädiges Fräulein, daß kein Dichter Sie vergessen wird, welcher das Glück gehabt hat, Sie kennen zu lernen. *(Ab mit einer tiefen Verbeugung.)*

Adelheid *(allein)*. Dieser Herr Schmock mit den drei Gläsern Punsch ist doch wohl einer Bekanntschaft werth. Korb soll ihn gleich aufsuchen. – Kaum bin ich in der Stadt angekommen, und mein Zimmer ist wie ein Geschäftsbureau, in welchem Redacteure und Schriftsteller ihr Wesen treiben. – Ich fürchte, das ist eine Vorbedeutung. *(Ab nach links.)*

Es wird dunkel. Der Oberst aus dem Garten.

Oberst *(langsam nach vorn)*. Es ist mir lieb, daß es aus ist zwischen uns. – *(aufstampfend)* Sehr lieb ist es mir! – *(gedrückt)* Ich fühle mich frei und leicht, wie seit lange nicht, ich glaube, ich könnte singen. – In diesem Augenblick bin ich Gegenstand der Unterhaltung bei allen Theetassen, auf allen Bierbänken. Ueberall Raisonniren und Lachen: Dem geschieht recht, dem alten Narren! Verdammt!

Karl mit Lichtern und der Zeitung.

Wer hat dir erlaubt, Licht zu bringen?

Karl. Herr Oberst, es ist die Stunde, wo Sie die Zeitung lesen. Hier ist sie. *(Legt sie auf den Tisch).*

Oberst. Unwürdiges Volk, diese Herren von der Feder! Feig, boshaft, hinterlistig in ihrer Anonymität. Wie diese Bande jetzt triumphiren wird, und über mich! Wie sie ihren Redacteur bis in die Wolken erheben! Da liegt das nichtswürdige Blatt! Darin steht meine Niederlage, ausposaunt mit vollen Backen, mit spöttischem Achselzucken – – weg damit! *(geht auf und ab, sieht die Zeitung auf der Erde an, sie aufhebend)* Ich will's doch auskosten! *(setzt sich)* Hier gleich im Anfange: *(lesend)* Professor Oldendorf – Majorität von zwei Stimmen. »Dies Blatt ist verpflichtet, sich über das Resultat zu freuen.« – Das glaub' ich. – »Aber nicht weniger erfreulich war der Wahlkampf, welcher voranging.« – Natürlich. – »Es ist vielleicht noch nicht dagewesen, daß, wie hier, zwei Männer einander gegenüberstanden, so eng durch jahrelange Freundschaft verbunden, beide in gleicher Weise durch das Wohlwollen ihrer Mitbürger ausgezeichnet. Es war ein ritterlicher Kampf zwischen zwei Freunden, voll Hochherzigkeit, ohne Groll, ohne Eifersucht, ja vielleicht verbarg sich in der Seele eines jeden von beiden der Wunsch, daß der befreundete Gegner, und nicht er, Sieger werde.« *(Legt das Blatt weg, trocknet sich die Stirn ab.)* Was ist das für eine Sprache? – *(liest)* »Und abgesehen von einzelnen Parteiansichten hat nie ein Mann größere Ansprüche auf den Sieg gehabt, als unser verehrter Gegner. Was er durch seine biedere, edle Persönlichkeit dem großen Kreise seiner Freunde und Bekannten gilt, das zu rühmen ist hier nicht der Ort; wie er aber durch seine rege Theilnahme für alle gemeinnützigen Unternehmungen der Stadt mit Rath und That gewirkt, das ist allgemein bekannt und wird gerade heut von unsern Mitbürgern mit lebhaftem Dank empfunden.« – *(legt das Blatt weg)* Das ist ein niederträchtiger Stil! – *(liest weiter)* »Durch eine sehr geringe Majorität der Stimmen hat unsere Stadt beschlossen, die politischen Ansichten des jüngern Freundes in den Kammern geltend zu machen, aber von allen Parteien werden heut, wie verlautet, Adressen und Deputationen vorbereitet, nicht, um den Sieger im Wahlkampf zu feiern, sondern um seinem Gegner, seinem edlen Freunde die allgemeine Achtung und Verehrung auszudrücken, deren nie ein Mann würdiger war als er.« – Das ist offenbarer Meuchelmord! Das ist eine furchtbare Indiscretion Oldendorf's, das ist eine Journalistenrache, so fein und zugespitzt. – O das sieht ihm ähnlich! Nein, das sieht ihm nicht ähnlich! Es ist empörend, es ist unmenschlich.! – Was soll ich thun? Deputationen und Adressen an mich? an Oldendorf's Freund? – Bah, das ist alles nur Geschwätz, Zeitungsgeschrei, das kostet nichts, als ein paar schöne Worte! Die Stadt weiß nichts von diesen Empfindungen. Es ist eine Gaunerei!

Karl.

Karl. Briefe von der Stadtpost. *(Legt sie auf den Tisch, ab.)*

Oberst. Darin steckt wieder etwas! Es ist mir unheimlich, sie aufzumachen. – *(erbricht den ersten)* Was Teufel! ein Gedicht? und an mich? »Unserm edlen Gegner in der Politik, dem besten Manne der Stadt« – unterschrieben? – wie ist die Unterschrift? Baus! Baus? kenne ich nicht, das muß ein Pseudonym sein! *(liest)* Es scheint ganz ausgezeichnete Poesie! – Und was ist hier? *(öffnet den zweiten Brief)* »Dem Wohlthäter der Armen, dem Vater der Verwaisten«, eine Adresse – *(liest)* Verehrung und Herzensgüte – Unterschrift: »Viele Frauen und Mädchen«, das Siegel ein P. P.? Mein Gott, was soll das alles? bin ich behext? – Sind das in Wahrheit Stimmen aus der Stadt, und wird der heutige Tag von den Menschen so aufgefaßt, so muß ich gestehen, daß die Leute besser von mir denken, – als ich selbst. –

Karl.

Karl. Eine Anzahl Herren wünscht den Herrn Oberst zu sprechen.

Oberst. Was für Herren?

Karl. Sie sagen: eine Deputation der Wahlmänner.

Oberst. Führe sie herein. Diese verdammte Zeitung hat doch Recht gehabt.

Piepenbrink, Kleinmichel, noch drei andere Herren (sie verbeugen sich, der Oberst gleichfalls).

Piepenbrink *(feierlich)*. Mein Herr Oberst! – Eine Anzahl Wahlmänner hat uns als eine Deputation zu Ihnen gesandt, um Ihnen gerade heut zu sagen, daß die ganze Stadt Sie für einen höchst respectabeln und braven Mann hält.

Oberst *(steif)*. Ich bin für die gute Meinung verbunden.

Piepenbrink. Da ist nichts Verbindliches bei. Es ist die Wahrheit. Sie sind ein Ehrenmann durch und durch, und es macht Freude, Ihnen das zu sagen; es kann Ihnen nicht unangenehm sein, dies von Ihren Mitbürgern zu hören.

Oberst. Ich habe mich selbst immer für einen Mann von Ehre gehalten, meine Herren.

Piepenbrink. Da haben Sie ganz Recht gehabt. Und Sie haben Ihre brave Gesinnung auch bewiesen. Bei jeder Gelegenheit. Bei Armuth, bei Theuerung, in Vormundschaften, auch bei unserm Schützenfest, überall, wo uns Bürgern ein wohlwollender und guter Mann Freude machte oder nützlich war, da sind Sie voran gewesen. Immer schlicht und treuherzig, ohne schnurrbärtiges Wesen und Hochmuth. Daher kommt es denn, daß wir Sie allgemein lieben und verehren.

Oberst *(fährt sich über die Augen)*.

Piepenbrink. Heut haben viele von uns ihre Stimmen dem Professor gegeben. Manche wegen der Politik, manche, weil sie wissen, daß er Ihr genauer Freund ist und vielleicht gar Ihr Schwiegersohn wird.

Oberst *(ohne Härte)*. Mein Herr –

Piepenbrink. Auch ich selbst habe Ihnen meine Stimme nicht gegeben.

Oberst *(etwas eifriger)*. Mein Herr –

Piepenbrink. Aber eben deswegen komme ich mit den Anden zu Ihnen, und deswegen sagen wir Ihnen, wie man in der Bürgerschaft von Ihnen denkt. Und wir wünschen alle, daß Sie noch lange Ihre männliche Gesinnung und Ihr freundschaftliches Herz uns erhalten mögen, als ein verehrter, äußerst respectabler Herr und Mitbürger.

Oberst *(ohne Härte)*. Warum sagen Sie das nicht dem Professor, auf den Ihre Wahl gefallen ist?

Piepenbrink. Er ist noch jung. Er soll sich's erst in den Kammern verdienen, daß die Stadt ihm dankt. Sie aber *haben's* um uns verdient und deshalb kommen wir zu Ihnen.

Oberst *(aufrichtig)*. Ich danke Ihnen, meine Herren, für Ihre freundlichen Worte. Sie thun mir gerade jetzt sehr wohl. Ich bitte Sie um Ihren Namen.

Piepenbrink. Ich heiße Piepenbrink.

Oberst *(erkältet, aber nicht unhöflich)*. Ah so, das ist der Name. – *(mit Haltung)* Ich danke Ihnen, meine Herren, für die wohlwollende Ansicht, welche Sie ausgesprochen haben, gleichviel, ob Sie die wahre Meinung der Stadt wiedergeben, oder nach den Wünschen Einzelner reden. Ich danke Ihnen, und ich werde fortfahren, das zu thun, was ich für Recht halte. *(Verbeugt sich, die Deputation ebenfalls, letztere ab.)*

Also das ist dieser Piepenbrink, der warme Freund seines Freundes! – Aber die Worte dieses Mannes waren verständig und sein ganzes Aussehen ehrenwerth, es ist unmöglich, daß das alles Spitzbüberei sein kann. – Wer weiß! Es sind gewandte Intriganten. Senden mir Zeitungsartikel, Briefe und diese gutmüthigen Leute ins Haus, um mich weichherzig zu machen, geberden sich vor aller Welt als meine Freunde, um mich zu zwingen, ihrer Falschheit wieder zu trauen! Ja, so ist's. Alles ist abgekartet! Sie sollen sich getäuscht haben!

Karl.

Karl. Herr Doctor Bolz!

Oberst. Ich bin für niemand mehr zu Hause.

Karl. Das habe ich dem Herrn auch gesagt, aber er bestand darauf, den Herrn Obersten zu sprechen, er komme in einer Ehrensache.

Oberst. Was? Oldendorf wird doch nicht so wahnsinnig sein – führ' ihn her!

Bolz.

Bolz *(mit Haltung)*. Herr Oberst, ich komme, Ihnen eine Mittheilung zu machen, welche für die Ehre eines Dritten nothwendig ist.

Oberst. Ich bin darauf gefaßt und bitte Sie, dieselbe nicht zu lang auszudehnen.

Bolz. Nur so lang, als nöthig ist. Der Artikel in dem heutigen Abendblatt der Union, welcher Ihre Persönlichkeit bespricht, ist von mir geschrieben und von mir ohne Oldendorf's Wissen in die Zeitung gesetzt.

Oberst. Es ist mir kaum von Interesse zu wissen, wer den Artikel geschrieben hat.

Bolz *(artig)*. Aber es ist mir von Wichtigkeit, Ihnen zu sagen, daß er nicht von Oldendorf ist und daß Oldendorf nichts davon gewußt hat. Mein Freund war in den letzten Wochen so sehr durch Trübes und Schmerzliches, das er selbst erleben mußte, in Anspruch genommen, daß er die Leitung des Blattes mir allein überließ. Für Alles, was in dieser letzten Zeit darin stand, bin ich allein verantwortlich.

Oberst. Und wozu machen Sie diese Eröffnung?

Bolz. Es wird Ihrem Scharfblick nicht entgehen, Herr Oberst, daß nach der Scene, welche heut zwischen Ihnen und meinem Freunde vorgefallen ist, Oldendorf als Mann von Ehre einen solchen Artikel weder schreiben, noch in seine Zeitung aufnehmen konnte.

Oberst. Wie so, mein Herr? In dem Artikel selbst habe ich nichts Unwürdiges gefunden.

Bolz. Der Artikel setzt meinen Freund in Ihren Augen dem Verdacht aus, als wolle er durch unwürdige Schmeichelei Ihre Theilnahme wieder gewinnen. Nichts liegt ihm ferner als ein solcher Weg. Sie, Herr Oberst, sind zu sehr Mann von Ehre, um selbst bei Ihrem Feinde eine gemeine Handlung natürlich zu finden.

Oberst. Sie haben Recht! – *(bei Seite)* Dieser Trotz ist unerträglich. – Ist Ihre Erklärung zu Ende?

Bolz. Sie ist es. Ich habe noch eine zweite beizufügen, daß ich selbst sehr bedaure, diesen Artikel geschrieben zu haben.

Oberst. Ich thue Ihnen wohl nicht Unrecht, wenn ich annehme, daß Sie schon Anderes geschrieben haben, was eher zu bedauern war.

Bolz *(fortfahrend)*. Diesen Artikel ließ ich drucken, bevor ich von Ihrer letzten Unterredung mit Oldendorf Kenntniß hatte; *(sehr artig)* ich bedaure ihn deshalb, weil er nicht ganz wahr ist. Ich war zu schnell, als ich dem Publicum Ihre Persönlichkeit schilderte, das Bild entspricht wenigstens heut nicht mehr der Wirklichkeit, es ist geschmeichelt.

Oberst *(ausbrechend)*. Nun, beim Teufel, das ist grob!

Bolz. Verzeihung, es ist nur wahr! Ich wünsche Sie zu überzeugen, daß auch ein Journalist bedauern kann, Unwahres geschrieben zu haben.

Oberst. Herr! – *(bei Seite)* Ich muß an mich halten, er behält sonst immer Recht. – Mein Herr Doctor, ich sehe, daß Sie ein gewandter Mann sind und Ihr Handwerk verstehen. Da Sie außerdem heut in der Stimmung scheinen, nur die Wahrheit zu reden, so ersuche ich Sie noch, mir zu sagen, ob Sie vielleicht auch die Demonstrationen geleitet haben, welche sich mir heut als Stimmen des Publicums darstellen.

Bolz *(sich verneigend)*. Allerdings bin ich dabei nicht unthätig gewesen.

Oberst *(ihm die Briefe hinhaltend, heftig)*. Haben Sie dies veranlaßt?

Bolz. Zum Theil, Herr Oberst. – Dies Gedicht ist der Herzenserguß eines ehrlichen Jungen, welcher in Ihnen den väterlichen Freund Oldendorf's und das Ideal eines ritterlichen Helden verehrt; ich habe ihm den Muth gemacht, Ihnen das Gedicht zu übersenden. Es war wenigstens gut gemeint. Der Poet mag sich ein anderes Ideal suchen. – Die Adresse kommt von Frauen und Mädchen, welche den Verein für Erziehung verwahrloster Kinder bilden. Der Verein zählt auch Fräulein Ida Berg unter seine Mitglieder, ich selbst habe den Damen diese Adresse verfaßt, sie ist von der Tochter des Weinhändlers Piepenbrink abgeschrieben.

Oberst. Ungefähr so habe ich diese Briefe beurtheilt. Es ist unnöthig zu fragen, ob Sie auch der Maschinist sind, welcher mir die Bürger hergeschickt hat.

Bolz. Wenigstens habe ich nicht abgerathen.

Von außen vierstimmiges Männer-Quartett.

Hoch, hoch, hoch!
Es lebt ein Ritter hochgesinnt
In unsrer Mauern Bann,
Ihn segnet jedes Bürgerkind,
Den edlen, treuen Mann.
Wer Hilfe sucht in Noth und Leid,
Der ruft den Ritter werth,
Denn Liebe ist sein Waffenkleid,
Erbarmen heißt sein Schwert.
  Wir feiern heut mit Sang und Wort
  Ihn, aller Armen Schutz und Hort,
  Den Oberst, den Oberst,
   Den edlen Oberst Berg.
Oberst *(klingelt nach den ersten Takten des Gesanges).*

Karl.

Du wirst Niemand vorlassen, wenn du in meinem Dienst bleiben willst.

Karl *(erschrocken).* Herr Oberst, sie sind schon im Garten, eine große Gesellschaft, es ist die Liedertafel, die Anführer stehen bereits auf der Treppe.

Bolz *(der das Fenster geöffnet).* Sehr gut gesungen, Herr Oberst – Templer und Jüdin –. Es ist der beste Tenor unserer Stadt, und die Begleitung ist originell genug.

Oberst *(bei Seite).* Es ist zum Tollwerden! – Führe die Herren herein. *(Karl ab; am Ende der Strophe:)*

Fritz Kleinmichel, zwei andere Herren.

Fritz Kleinmichel. Herr Oberst, die hiesige Liedertafel bittet um die Erlaubniß, Ihnen einige Lieder singen zu dürfen. Hören Sie das kleine Ständchen als einen schwachen Ausdruck der allgemeinen Verehrung und Liebe freundlich an.

Oberst. Meine Herren, ich bedaure sehr, daß eine Erkrankung in meiner Familie mir wünschenswerth machen muß, Ihre künstlerischen Leistungen abgekürzt zu sehen. Ich danke Ihnen für die gute Meinung und ersuche Sie, Herrn Professor Oldendorf die Lieder zu singen, die Sie mir zugedacht haben.

Fritz Kleinmichel. Wir hielten es für Pflicht, zuerst Sie zu grüßen, bevor wir Ihren Freund aufsuchen. Um Kranke nicht zu stören, werden wir uns, wenn Sie erlauben, weiter vom Hause ab im Garten aufstellen.

Oberst. Thun Sie nach Ihrem Belieben. *(Fritz Kleinmichel und die beiden Andern ab.)* – Ist dieser Aufzug auch von Ihrer Erfindung?

Bolz. *(sich verneigend).* Wenigstens zum Theil! – Aber Sie sind zu gütig, Herr Oberst, wenn Sie alle diese Demonstrationen auf mich allein zurückführen; mein Antheil daran ist doch sehr gering. Ich habe nichts gethan, als die öffentliche Meinung ein wenig redigirt. Diese vielen Menschen sind keine Puppen, welche ein gewandter Puppenspieler an den Drähten umherziehen könnte. Alle diese Stimmen gehören tüchtigen und ehrenwerthen Personen an, und was sie Ihnen gesagt haben, das ist in der That die allgemeine Meinung der Stadt, das heißt, die Ueberzeugung der Besseren und Verständigen in der Stadt. Wäre sie es nicht, so hätte ich mich diesen braven Leuten gegenüber sehr vergeblich bemüht, auch nur einen von ihnen in Ihr Haus zu führen.

Oberst. Er hat wieder Recht, und ich habe immer Unrecht!

Bolz *(sehr artig).* Gestatten Sie mir noch die Erklärung, daß mir gegenwärtig auch diese zarten Aeußerungen der allgemeinen Achtung unpassend erscheinen, und daß ich den Antheil, welchen ich daran habe, höchlich bedaure. Wenigstens heut hat ein Freund Oldendorf's keine Veranlassung, Ihren ritterlichen Sinn oder Ihre Selbstverleugnung zu feiern.

Oberst *(auf ihn zugehend).* Mein Herr Doctor, Sie benutzen das Vorrecht Ihrer Zunft, rücksichtslos zu reden und Fremde zu beleidigen, in einer Weise, welche meine Geduld erschöpft. Sie sind in meinem Hause, und es ist eine gewöhnliche Rücksicht der gesellschaftlichen Klugheit, daß man das Hausrecht des Gegners respectirt.

Bolz *(sich über einen Stuhl lehnend, gemüthlich).* Wenn Sie damit sagen wollen, daß Ihnen das Recht zusteht, unangenehme Fremde aus Ihrem Hause zu entfernen, so war es unnöthig, mich daran zu erinnern; denn Sie haben heut schon einen Andern aus Ihrem Hause gewiesen, dem seine Liebe zu Ihnen ein größeres Recht gab hier zu sein, als ich habe.

Oberst. Herr, eine solche Dreistigkeit ist mir noch nicht vorgekommen.

Bolz *(sich verneigend).* Ich bin Journalist, Herr Oberst, und nehme nur das in Anspruch, was Sie soeben das Vorrecht meiner Zunft nannten.

Großer Marsch von Blasinstrumenten. Karl schnell herein.

Oberst *(ihm entgegen).* Verschließe das Gartenthor, Niemand soll herein. *(Die Musik schweigt.)*

Bolz *(am Fenster).* Sie sperren Ihre Freunde aus, diesmal bin ich unschuldig.

Karl. Ach, Herr Oberst, es ist zu spät. Hinten im Garten stehen die Sänger, und vorn kommt ein ungeheurer Zug vor das Haus, es ist Herr von Senden und die ganze Ressource. *(Nach dem Hintergrund.)*

Oberst. Herr, ich wünsche, daß die Unterredung zwischen uns ein Ende nehme.

Bolz *(aus dem Fenster zurücksprechend).* In Ihrer Lage, Herr Oberst, finde ich diesen Wunsch sehr natürlich. *(wieder hinaussehend)* Ein brillanter Aufzug, sie tragen alle Papierlaternen. Auf den Laternen sind Inschriften! – Außer den gewöhnlichen Devisen der Ressource sehe ich noch andere. – Daß dieser Bellmaus doch niemals zusieht, wo er der Zeitung nützlich sein könnte. *(schnell eine Brieftasche vorziehend)* Die Inschriften wollen wir schnell für die Zeitung notiren. *(zurücksprechend)* Verzeihen Sie! – Ach, das ist höchst merkwürdig: »Nieder mit unsern Feinden!« – und hier eine schwärzliche Laterne mit weißen Buchstaben: »Pereat die Union!« Alle Wetter! *(zum Fenster hinausrufend)* Guten Abend, meine Herren!

Oberst *(zu ihm tretend).* Herr, Sie sind des Teufels!

Bolz *(sich schnell umdrehend).* Es ist sehr gütig von Ihnen, Herr Oberst, daß Sie sich neben mir am Fenster zeigen. *(Oberst tritt zurück.)*

Senden *(von unten).* Was ist das für eine Stimme?

Bolz. Guten Abend, Herr von Senden! – Der Herr, welcher die braune Laterne mit der weißen Inschrift trägt, würde uns sehr verbinden, wenn er die Güte haben wollte, dem Herrn Oberst die Laterne einmal heraufzureichen. Blasen Sie Ihr Licht aus, Mann, und reichen Sie mir die Laterne. – So, ich danke Ihnen, Mann mit der geistreichen Devise. – *(die Stocklaterne hereinholend)* Hier, Herr Oberst, ist das Document der brüderlichen Gesinnung, welche Ihre Freunde gegen uns hegen. *(Reißt die Laterne vom Stock)* Die Laterne für Sie, der Stock für den Laternenträger. *(Wirft den Stock zum Fenster hinaus.)* Ich habe die Ehre mich zu empfehlen. *(Wendet sich zum Abgang, begegnet Adelheid.)*

Männderchor wieder nahe »Es lebt ein Ritter hochgeehrt«, einfallender Tusch, vielstimmiges: der Oberst Berg soll leben, hoch!

Adelheid.

Adelheid *(von der Seite links während des Lärms eintretend).* Ist denn heut die ganze Stadt in Aufruhr?

Bolz. Ich habe das Meine gethan, er ist halb bekehrt. Gute Nacht!

Oberst *(die Laterne zu Boden werfend, wüthend).* Zum Teufel mit allen Journalisten!

Männerchor, Senden, Blumenberg und viele andere Herren (im Zuge an der Gartenthür sichtbar; die Deputation tritt ein, Chor und Laternen gruppiren sich am Eingange).

Senden *(mit lauter Stimme, bis der Vorhang am Boden ist).* Herr Oberst, die Ressource gibt sich die Ehre, ihr hochverehrtes Mitglied zu begrüßen.

Der Vorhang fällt während der letzten Worte.

Vierter Akt.

Erste Scene.

Gartensaal im Hause des Obersten.
Oberst, vom Garten eintretend, hinter ihm Karl.

Oberst *(am Eingang, unwirsch)*. Wer hat dem Wilhelm befohlen, das Pferd vor den Schlafzimmern umherzuführen? Der Schlingel macht mit den Eisen einen Lärm, der Tote aufwecken könnte.

Karl. Werden der Herr Oberst heute nicht ausreiten?

Oberst. Nein! in den Stall mit dem Pferde!

Karl. Zu Befehl, Herr Oberst. *(Ab.)*

Oberst *(klingelt, Karl wieder an der Thür)*. Ist das Fräulein zu sprechen?

Karl. Sie ist in ihrem Zimmer, der Herr Justizrath ist bereits seit einer Stunde bei ihr.

Oberst. Wie? am frühen Morgen?

Karl. Hier ist sie selbst. *(Ab, nachdem Adelheid eingetreten.)*
Adelheid, Korb (aus der Thür rechts).

Adelheid *(zu Korb)*. Sie bleiben wohl in der Nähe der Gartenthür, und wenn der bewußte junge Herr kommt, dann führen Sie ihn zu uns. *(Korb ab.)* Guten Morgen, Herr Oberst! *(an ihn tretend und ihn heiter ansehend)* Wie ist das Wetter heut?

Oberst. Grau, Mädchen, grau und stürmisch! Aerger und Gram sausen in meinem Kopf herum, daß er mir zerspringen möchte. Wie geht es der Kleinen?

Adelheid. Besser. Sie ist so gescheidt gewesen, gegen Morgen einzuschlafen. Jetzt ist sie traurig, aber gefaßt.

Oberst. Gerade diese Fassung ist mir ärgerlich. Wenn sie nur einmal schreien wollte und sich etwas in die Haare fahren; es wäre schrecklich, aber es wäre doch Natur darin. Aber dies Lächeln und sich Abwenden und dies Abtrocknen heimlicher Thränen, das nimmt mir meine Fassung. Das ist bei meinem Kinde unnatürlich.

Adelheid. Vielleicht kennt sie das gütige Herz ihres Vaters besser als er selbst, vielleicht hofft sie noch!

Oberst. Worauf? Auf eine Versöhnung mit ihm? Nach dem, was geschehen, ist eine Versöhnung zwischen Oldendorf und mir unmöglich.

Adelheid *(bei Seite)*. Ob er wünscht, daß ich ihm widerspreche?
Korb.

Korb *(zu Adelheid)*. Der Herr ist gekommen.

Adelheid. Ich werde klingeln. *(Korb ab.)* – Helfen Sie mir in einer kleinen Verlegenheit, ich habe einen fremden jungen Mann zu sprechen, der hilfsbedürftig scheint, und möchte gern, daß Sie in der Nähe blieben – darf ich die Thür hier offen lassen? *(sie weist auf die Thür links.)*

Oberst. Das heißt wohl auf deutsch, ich soll dort hineingehen?

Adelheid. Ich bitte, nur auf fünf Minuten.

Oberst. Meinetwegen, wenn ich nur nicht horchen soll.

Adelheid. Das verlange ich nicht, aber zuhören werden Sie doch, wenn das Gespräch Sie interessiren sollte.

Oberst *(lächelnd)*. Dann werde ich hereinkommen. *(Ab nach links, Adelheid klingelt.)*
Schmock, Korb (am Eingange, sogleich wieder ab.)

Schmock *(sich verbeugend)*. Ich wünsche einen guten Morgen. – Sind Sie das Fräulein, welches ihren Schreiber zu mir geschickt hat?

Adelheid. Ja. Sie haben den Wunsch geäußert, mich selbst zu sprechen.

Schmock. Wozu soll der Schreiber wissen, wenn ich Ihnen etwas zu sagen habe? – Hier sind die Zettel, die der Senden geschrieben hat, welche ich gefunden habe im Papierkorbe des Coriolan. Sehen Sie nach, ob sie für den Obersten zu brauchen sind. Was soll ich damit anfangen? Es ist nichts damit zu machen.

Adelheid *(hineinsehend, bei Seite lesend)*. Hier sende ich Ihnen die unglückliche stilistische Arbeit u. s. w. – Unvorsichtig und sehr gewöhnlich! *(legt sie auf den Tisch. Laut)* In jedem Falle sind diese unbedeutenden Billette in meinem Papierkorbe besser verwahrt, als in einem andern. – Und was veranlaßt Sie, mein Herr, mir Ihr Vertrauen zu schenken?

Schmock. Der Bellmaus hat mir doch gesagt, daß Sie eine geschickte Person sind, die dem Obersten auf gute Weise sagen wird, er solle sich vor dem Senden und vor meinem Redacteur in Acht nehmen. Und der Oberst ist ein humaner Mann, er hat mir neulich vorgesetzt ein Glas süßen Wein und Semmel mit Lachs zum Frühstück.

Oberst *(an der Thür sichtbar, mitleidig die Hände faltend)*. Du lieber Gott!

Schmock. Warum soll ich ihn hintergehen lassen von diesen Menschen?

Adelheid. Wenn Ihnen das Frühstück nicht unangenehm war, so wollen wir für ein zweites sorgen.

Schmock. O ich bitte, bemühen Sie sich meinetwegen nicht.

Adelheid. Können wir Ihnen sonst mit etwas helfen?

Schmock. Womit sollen Sie mir helfen? *(seine Stiefeln und Kleider betrachtend)* Ich habe jetzt Alles im Stande. Mein Unglück ist nur, ich stecke in einem schlechten Geschäft. Ich muß sehen, daß ich aus der Literatur herauskomme.

Adelheid *(mitleidig)*. Es ist wohl recht schwer, sich in der Literatur wohlzufühlen?

Schmock. Je nachdem. – Mein Redacteur ist ein ungerechter Mensch. Er streicht zu viel und bezahlt zu wenig. Achten Sie vor allem auf Ihren Stil, sagt er, guter Stil ist die Hauptsache. Schreiben Sie gewichtig, Schmock, sagt er, schreiben Sie tief, man verlangt das heut zu Tage von einer Zeitung, daß sie tief ist. Gut, ich schreiben tief, ich mache meinen Stil logisch. Wenn ich ihm aber die Arbeit bringe, so wirft er sie von sich und schreit: Was ist das? Das ist schwerfällig, das ist pedantisch, sagt er. Sie müssen schreiben genial, brillant müssen Sie sein, Schmock, es ist jetzt Mode, daß Alles angenehm sein soll für die Leser. – Was soll ich thun? Ich schreibe wieder genial, ich setzt viel Brillantes hinein in den Artikel; und wenn ich ihn bringe, nimmt er den Rothstift und streicht alles Gewöhnliche und läßt mir nur die Brillanten stehen.

Oberst. Ist so etwas möglich?

Schmock. Wie kann ich bestehen bei solcher Behandlung? Wie kann ich ihm schreiben lauter Brillantes die Zeile für fünf Pfennige? Dabei kann ich nicht bestehen. Und deshalb will ich sehen, daß ich aus dem Geschäft herauskomme. Wenn ich nur könnte verdienen fünfundzwanzig bis dreißig Thaler, ich wollte in meinem Leben nicht wieder schreiben für eine Zeitung, ich wollte dann mein eignes Geschäft anfangen, ein kleines Geschäft, das mich ernähren könnte.

Adelheid. Warten Sie einen Augenblick! *(sucht in ihrer Börse.)*

Oberst *(eilig hervorkommend)* Ueberlassen Sie das mir, liebe Adelheid. Der junge Mann will aufhören Journalist zu sein, das geht mich an! Hier, hier ist Geld, wie Sie sich wünschen, wenn Sie mir versprechen, von heute ab keine Feder mehr für eine Zeitschrift anzurühren. Hier, nehmen Sie!

Schmock. Ein preußisches Kassenbillett von fünfundzwanzig Thalern Courant? Auf meine Ehre, ich versprech's Ihnen, Herr Oberst, auf meine Ehre und Seligkeit, ich gehe noch heut zu einem Vetter von mir, welcher ein solides Geschäft hat. Will der Herr Oberst einen Schuldschein, oder soll ich ausstellen einen Wechsel auf mich selber mit langer Frist?

Oberst. Bleiben Sie mir vom Leibe mit Ihrem Wechsel!

Schmock. So will ich einen richtigen Schuldschein ausstellen. Es ist mir lieber, daß es nur ein Schuldschein ist.

Oberst *(ungeduldig)*. Auch Ihren Schuldschein will ich nicht. – Herr, gehen Sie in Gottes Namen!

Schmock. Und wie wird's sein mit den Zinsen? Kann ich's haben gegen fünf Procent, so wäre mir's lieb.

Adelheid. Der Herr schenkt Ihnen das Geld.

Schmock. Er schenkt mit das Geld? Es ist ein Wunder! – Wissen Sie was, Herr Oberst, wenn ich nichts mache mit dem Geld, so bleibt es geschenkt; wenn ich mir damit aufhelfe, so bring' ich's Ihnen zurück. Ich hoffe, ich werde mir aufhelfen.

Oberst. Halten Sie das ganz nach Ihrem Belieben.

Schmock. Es ist mir ganz lieb so, Herr Oberst. Unterdeß danke ich Ihnen, und mög' es Ihnen vergolten werden durch eine andere Freude, die Sie haben. Ich empfehle mich Ihnen, meine Herrschaften.

Adelheid. Das Frühstück wollen wir nicht vergessen. *(klingelt, Korb tritt ein)* Lieber Korb! *(spricht leise mit ihm.)*

Schmock. Bitte sehr, lassen Sie doch das! *(Schmock und Korb ab.)*

Oberst. Und jetzt, mein Fräulein, erklären Sie mir diese ganze Unterredung; sie geht mich nahe genug an.

Adelheid. Senden hat sich gegen Andere taktlos über seine Stellung zu Ihnen und Ihrem Hause ausgesprochen. Dieser junge Mann hatte etwas davon gehört, und Billette von Senden in Besitz, in welchen einige unpassende Ausdrücke vorkommen. Ich hielt es für gut, diese Billette aus seinen Händen herauszuziehen.

Oberst. Ich ersuche Sie um diese Briefe, Adelheid.

Adelheid *(bittend)*. Wozu, Herr Oberst?

Oberst. Ich werde mich nicht ärgern, Mädchen.

Adelheid. Das verlohnt sich auch nicht. Und doch bitte ich Sie, nicht hineinzusehen. – Sie wissen jetzt genug, denn Sie wissen, daß er mit seiner Umgebung ein so großes Vertrauen, als Sie ihm in der letzten Zeit gegönnt haben, nicht zu würdigen weiß.

Oberst *(traurig)*. O pfui, pfui! – Ich habe in meinen alten Tagen Unglück mit meinen Bekanntschaften.

Adelheid. Wenn Sie Oldendorf mit diesem hier – *(auf die Briefe weisend)* in eine Klasse setzen, so haben Sie Unrecht.

Oberst. Das thue ich nicht, Mädchen. Den Senden habe ich nicht so lieb gehabt, und deshalb trage ich's leichter, daß er mich verletzt.

Adelheid *(mild)*. Und weil Sie den Andern geliebt haben, deshalb waren Sie gestern so –

Oberst. Sprechen Sie's nur aus, Sittenprediger – so hart und ungestüm.

Adelheid. Mehr als das, Sie waren ungerecht.

Oberst. Ich habe mir in dieser Nacht dasselbe gesagt, wenn ich an Ida's Zimmer trag und das arme Ding weinen hörte. Ich war ein gekränkter, zorniger Mann und hatte Unrecht in der Form, in der Sache selbst hatte ich doch Recht. Mag er Deputirter sein, er paßt dazu vielleicht besser als ich; daß er ein Zeitungsschreiber ist, das trennt uns.

Adelheid. Er thut doch nur, was Sie auch thaten.

Oberst. Erinnern Sie mich nicht an diese Thorheit! – Wenn er als mein Schwiegersohn den Lauf der Welt anders beurtheilte als ich, so könnte ich's wohl ertragen. Wenn er aber alle Tage Gefühle und Gesinnungen, die den meinen entgegenstehen, laut in die Welt ruft, und ich das lesen müßte, und überall hören müßte, wie mein Schwiegersohn von meinen Freunden und alten Kameraden deshalb verspottet und gescholten wird, und das alles hinunterschlucken müßte, sehen Sie, das kann ich nicht!

Adelheid. Und Ida? Weil Sie das nicht ertragen wollen, deshalb wird Ida unglücklich.

Oberst. Mein armes Kind! Sie ist jetzt unglücklich gewesen, die ganze Zeit hindurch. Das halbe Wesen zwischen uns Männern hat schon lange nichts getaugt. Es ist besser, daß es mit einem großen Schmerz ein Ende nimmt.

Adelheid *(ernst)*. Noch sehe ich das Ende nicht. Ich werde es erst sehen, wenn Ida wieder so fröhlich lacht, als sie sonst that.

Oberst (*aufgeregt umhergehend, ausbrechend*). So werde ich ihm mein Kind übergeben und mich allein in einen Winkel setzen! – Ich dachte meine letzten Tage anders, aber verhüte Gott, daß mein geliebtes Mädchen durch mich unglücklich werden sollte! Er ist zuverlässig und ehrenhaft, er wird sie gut halten. – Ich werde wieder in die kleine Stadt ziehen, aus der ich hergekommen bin.

Adelheid (*seine Hand ergreifend*). Mein würdiger Freund, nein, das sollen Sie nicht. Weder Oldendorf noch Ida würden ihr Glück einem solchen Opfer verdanken wollen. – Wenn nun Senden und seine Freunde dem Professor die Zeitung unter den Händen fortziehen, wie dann?

Oberst (*freudig*). Dann wäre er kein Journalist mehr! – (*unruhig*) Ich will nichts von dem Plane hören, das hinterlistige Handeln gefällt mir nicht.

Adelheid. Mir auch nicht. – (*herzlich*) Herr Oberst, Sie haben mir oft ein Vertrauen geschenkt, das mich glücklich und stolz gemacht hat. Sie haben mir auch heute gestattet, rücksichtsloser zu sprechen, als einem Mädchen sonst wohl erlaubt ist. Wollen Sie mir noch einen großen Beweis Ihrer Achtung geben?

Oberst (*ihr die Hand drückend*). Adelheid, wir wissen, wie wir mit einander stehen. Sprechen Sie.

Adelheid. Sein Sie heut auf eine Stunde mein getreuer Ritter. Erlauben Sie mir, daß ich Sie mit mir führe, wohin es auch sei.

Oberst. Was haben Sie vor, Kind?

Adelheid. Nichts Unrechtes, nichts, was Ihrer und meiner unwürdig wäre. Es soll Ihnen nicht lange Geheimniß bleiben.

Oberst. Wenn es sein muß, ich gebe mich gefangen. Aber darf ich nicht ungefähr wissen, was ich zu thun habe?

Adelheid. Sie sollen mich bei einem Besuch begleiten und sich dabei an das erinnern, was wir jetzt so verständig mit einander besprochen haben.

Oberst. Bei einem Besuch?

Korb.

Adelheid. Bei einem Besuch, den ich in meinem eigenen Interesse mache.

Korb (*zu Adelheid*). Herr von Senden wünscht Ihnen seine Aufwartung zu machen.

Oberst. Ich will ihn jetzt nicht sehen.

Adelheid. Ruhe, Herr Oberst, wir haben nicht Zeit, auch mit dem zu zürnen. Ich werde ihn auf einige Augenblicke annehmen müssen.

Oberst. Dann gehe ich fort.

Adelheid (*bittend*). Um mich sogleich zu begleiten? Der Wagen wartet.

Oberst. Ich gehorche dem Commando. (*Ab nach links.*)

Adelheid. Ich habe einen schnellen Entschluß gefaßt, ich habe etwas gewagt, was für ein Mädchen wohl zu keck war, denn ich fühle jetzt, wo die Entscheidung naht, daß mein Muth mich verläßt. – Ich mußte es thun um seinetwillen und für uns alle. – (*zu Korb*) Bitten Sie Fräulein Ida, sich bereit zu halten. Der Kutscher soll sogleich umkehren sie abzuholen. – Lieber Korb, denken Sie an mich. Ich gehe einen wichtigen Gang, alter Freund. – (*Adelheid ab.*)

Korb (*allein*). Tausend! glänzen der die Augen! Was hat sie vor? Sie will doch nicht gar den alten Oberst entführen? Was sie auch vor hat, sie setzt's durch. Es gibt nur einen, der mit ihr fertig werden könnte. O Herr Konrad, wenn ich reden dürfte! (*Ab.*)

Zweite Scene.

Redactionszimmer der Union.
Bolz aus der Thür links, gleich darauf Müller

Bolz *(zur Mittelthür)*. Herein mit dem Tisch!

Müller *(trägt einen kleinen gedeckten Tisch mit Weinflaschen, Gläsern und Tellern nach dem Vordergrund links, rückt fünf Stühle, sprechend:)* Herr Piepenbrink läßt sich empfehlen und sagen, der Wein wäre von dem gelbgesiegelten, und wenn der Herr Doctor Gesundheiten tränke, möchte er auch Herrn Piepenbrinks Gesundheit nicht vergessen. Er war sehr fidel, der dicke Herr. Und Madame Piepenbrink erinnerte ihn daran, daß er auf die Union abonniren sollte; er trug mir auf, das zu bestellen.

Bolz *(welcher unterdeß in Papieren geblättert, aufstehend)*. Her den Wein! *(Müller gießt in ein Glas.)* Dem würdigen Weinschenk zu Ehren! *(trinkt)* Ich habe ihn leichtfertig behandelt, aber sein Herz hat sich als treu bewährt. Sagen Sie ihm, die Gesundheit sei nicht vergessen worden. Hier die Flasche für Sie! – Jetzt trollt euch! *(Müller ab, Bolz die Thür links öffnend:)* Kommt, ihr Herren, heut löse ich mein Wort.

Kämpe, Bellmaus, Körner.

Hier ist das versprochene Frühstück. – Und jetzt, ihr allerliebsten Eintagsfliegen, schnell! malt eure Backen und eure Laune so rosafarben, als eurem Witze nur möglich ist. *(einschenkend)* Der große Sieg ist erfochten, die Union hat einen der edelsten Triumphe gefeiert; noch in späten Jahrhunderten werden verspätete Enkel staunend sagen: das waren glorreiche Tage und so weiter, Fortsetzung siehe in der heutigen Nummer der Zeitung. – Bevor wir uns setzen, den ersten Toast –

Kämpe. Der erwählte Deputirte –

Bolz. Nein, der erste Toast gilt der gemeinsamen Mutter, der großen Macht, welche Deputirte hervorbringt: die Zeitung, sie florire!

Alle. Hoch! *(stoßen an.)*

Bolz. Hoch! und zum zweiten lebe – halt, der Deputirte selber fehlt noch.

Kämpe. Da kommt er.

Oldendorf.

Bolz. Der Abgeordnete unserer ehrwürdigen Stadt, Chefredacteur und Professor, Journalist und brave Mann, welcher gegenwärtig zürnt, daß hinter seinem Rücken Allotria in die Zeitung gesetzt worden sind, er lebe hoch!

Alle. Hoch!

Oldendorf *(freundlich)*. Ich danke den Herren.

Bolz *(Oldendorf nach dem Vordergrund ziehend, bei Seite)*. Und du bist nicht mehr böse.

Oldendorf. Deine Meinung war gut, aber es war eine große Indiscretion.

Bolz. Denke nicht mehr daran! – *(laut)* Hier, nimm das Glas, setze dich zu uns. Sei nicht stolz, junger Staatsmann, heut gehörst du uns. So, hier sitzt die Redaction. Wo ist der würdige Herr Henning, wo steckt der Eigenthümer, Drucker und Verleger Gabriel Henning?

Bellmaus. Wir haben ihn überall gesucht, er ist nirgend zu finden.

Kämpe. Ich begegnete ihm vorhin auf der Treppe, er schlich so scheu an mir vorüber, wie Jemand, der einen dummen Streich gemacht hat.

Bolz. Wahrscheinlich geht es ihm wie Oldendorf, er ist wieder einmal unzufrieden mit der Haltung des Blattes.

Müller.

Müller *(den Kopf hereinsteckend)*. Hier die Zeitungen und Postsachen.

Bolz. Dorthin! *(Müller tritt herein, legt die Papiere auf den Arbeitstisch)*.

Müller. Hier ist der Coriolan. Es steht etwas über unsere Zeitung darin, der Laufbursche des Coriolan grinste mich höhnisch an und empfahl mir den Artikel zur Durchsicht.

Bolz. Geben Sie her! Still, römisches Volk, Coriolan spricht. – Alle Teufel, was soll das? *(liest)* »Aus der besten Quelle erfahren wir soeben, daß dem Zeitungswesen unserer Provinz eine große

Veränderung bevorsteht. – Unsere Gegnerin, die Union, wird aufhören, ihre maßlosen Angriffe gegen alles Hohe und Heilige zu richten.« – Dies Hohe und Heilige heißt Blumenberg. – »Das Eigenthumsrecht an derselben soll in andere Hände übergegangen sein, und es ist sichere Aussicht, daß wir in diesem vielgelesenen Blatt von jetzt ab einen Verbündeten begrüßen werden.« – Wie schmeckt das, ihr Herren?

Müller. Donnerwetter!

Kämpe *(zugleich)*. Das ist Unsinn!

Bellmaus *(zugleich)*. Das ist eine Lüge!

Oldendorf. Das ist wieder eine von den abenteuerlichen Erfindungen des Blumenberg.

Bolz. Dahinter steckt was. Holt mir den Gabriel Henning her! *(Müller ab.)* Dieser Eigenthümer hat den Verräther gespielt, wir sind vergiftet, *(aufspringend)* und dies ist das Gastmahl der Borgia. Nächstens treten die Barmherzigen Brüder herein und singen unser Totenlied. – Thut mir den Gefallen und eßt wenigstens die Austern auf, bevor es zu spät wird.

Oldendorf *(der das Blatt ergriffen hat)*. Offenbar ist diese Nachricht nichts als ein unsicheres Gerücht. Henning wird uns sagen, daß nichts daran ist. Sieh du keine Gespenster und setze dich zu uns.

Bolz *(sich setzend)*. Ich setze mich, aber nicht, weil ich deinen Worten glaube, sondern weil ich das Frühstück nicht im Stich lassen will. Schafft den Henning her, er soll Rede stehen.

Oldendorf. Du hörst ja, er ist nicht zu Hause.

Bolz *(eifrig essend)*. O du wirst furchtbar erwachen, kleiner Orsina! – Bellmaus, gieße mir ein. – Wenn die Geschichte aber nicht wahr ist, wenn dieser Coriolan gelogen hat, bei diesem Purpur im Glase sei's geschworen! so will ich sein Mörder werden. Die grimmigste Rache, die je ein beleidigter Journalist genommen, soll auf sein Haupt fallen, er soll an Nadelstichen verbluten, jeder Mops auf der Straße soll ihn verächtlich ansehen und sagen: Pfui, Coriolan, von Ihnen nehme ich keinen Bissen an, und wenn's Wurst wäre. – *(Es klopft, Bolz legt das Messer hin.)* **Memento mori!** Das sind unsere Totengräber. – Noch die letzte Auster. Und dann lebe wohl, du schöne Welt!

Justizrath Schwarz, Senden (aus der Thür links; die Thür bleibt offen).

Schwarz. Ergebener Diener, meine Herren.

Senden. Verzeihung, wenn wir stören.

Bolz *(sitzend am Tisch)*. Nicht im geringsten. Dies ist unser gewöhnliches Frühstück, contractlich auf ein Jahr ausgemacht, fünfzig Austern und zwei Flaschen täglich für jeden Mitarbeiter. Wer die Zeitung kauft, muß es liefern.

Schwarz. Was uns herführt, Herr Professor, ist eine Mittheilung, welche Ihnen zuerst Herr Henning hätte machen sollen. Er hat es vorgezogen, mich damit zu beauftragen.

Oldendorf. Ich erwarte Ihre Mittheilung.

Schwarz. Herr Henning hat vom gestrigen Tage alle Rechte, welche ihm als Eigenthümer der Zeitung »Union« zustehen, durch Verkauf an mich übertragen.

Oldendorf. An Sie, Herr Justizrath?

Schwarz. Ich gestehe, daß ich nur als Bevollmächtigter eines Dritten gekauft habe. Hier ist der Kaufvertrag; es ist kein Geheimniß darin. *(Ueberreicht ein Papier.)*

Oldendorf *(durchsehend, zu Bolz)*. Es ist ein notarieller Vertrag in aller Form, – verkauft für dreißigtausend Thaler. – *(Aufregung unter den Mitarbeitern.)* Erlauben Sie mir auf den Kern der Sache zu gehen. Soll mit diesem Wechsel des Eigenthümers auch eine Aenderung in der politischen Haltung des Blattes verbunden sein?

Senden *(hervortretend)* Allerdings, Herr Professor, das war bei dem Kaufe die Meinung.

Oldendorf. Sehe ich vielleicht in Ihnen den neuen Eigenthümer?

Senden. Das nicht, aber ich habe die Ehre ihm befreundet zu sein. Sowohl Sie selbst als diese Herren haben das Recht zu verlangen, daß Ihre Contracte erfüllt werden. Ihre Contracte lauten, wie ich höre, auf halbjährige Kündigung. Es versteht sich, daß Sie bis zum Ablauf dieser Zeit Ihren Gehalt fortbeziehen.

Bolz *(aufstehend)*. Sie sind sehr gütig, Herr von Senden. Unsere Contracte geben uns das Recht, die Zeitung ganz nach unserm Ermessen zu redigiren und sowohl die Haltung als die Parteistellung des Blattes selbständig zu handhaben. Wir werden daher bis zum Ablauf des nächsten Halbjahres nicht nur unsere Gehalte fortbeziehen, sondern auch die Zeitung selbst zum Besten der Partei fortführen, welcher anzugehören Sie nicht die Ehre haben.

Senden *(heftig)*. Wir werden Mittel finden, dem zu begegnen.

Oldendorf. Beruhigen Sie sich! Eine solche Thätigkeit wäre kaum unser würdig. Ich erkläre unter solchen Umständen, daß ich die Redaction mit dem heutigen Tage niederlege und Sie aller Verpflichtungen gegen mich entbinde.

Bolz. Meinetwegen, es sei. Ich erkläre dasselbe.

Bellmaus, Kämpe, Körner. Wir auch!

Senden *(zu Schwarz)*. Sie sind Zeuge, daß die Herren freiwillig auf ihre Rechte verzichten.

Bolz *(zu den Mitarbeitern)*. Halt, meine Herren, sein Sie nicht zu hochherzig. Es ist in der Ordnung, daß Sie sich nicht weiter an dem Blatt betheiligen, wenn Ihre Freunde zurücktreten. Wozu wollen Sie aber Ihre Geldansprüche an den neuen Besitzer aufgeben?

Bellmaus. Ich will lieber nichts von ihnen annehmen, ich will handeln wie du.

Bolz *(ihn streichelnd)*. Gut gedacht, mein Sohn. Wir wollen uns zusammen durch die Welt schlagen. Was meinst du zu einer Drehorgel, Bellmaus? Wir ziehen damit auf die Messen und singen deine Lieder ab, ich drehe, du singst.

Oldendorf. Da keiner von Ihnen Eigenthümer der Zeitung geworden ist, so werden Sie zum Schluß dieser Verhandlung noch die Frage natürlich finden, an wen wir unsere Rechte abgetreten haben?

Senden. Der gegenwärtige Besitzer der Zeitung ist –

Oberst aus der Seitenthür links.

Oldendorf *(erschrocken zurücktretend)*. Herr Oberst?

Bolz. Ah, jetzt wird die Sache hochtragisch.

Oberst *(zu Oldendorf tretend)*. Vor allem, Herr Professor, nehmen Sie die Ueberzeugung, daß ich dieser ganzen Angelegenheit fremd bin und nur auf den Wunsch des Käufers hierher komme. Erst hier habe ich erfahren, worum es sich handelt. Ich hoffe, daß Sie mir das glauben werden.

Bolz. Ich aber finde dies Spiel unpassend und bestehe darauf, zu erfahren, wer der neue Eigenthümer ist, der sich so geheimnißvoll hinter verschiedenen Personen verbirgt.

Adelheid.

Adelheid *(aus der Seitenthür links eintretend)*. Er steht vor Ihnen.

Bolz. Ich wünsche in Ohnmacht zu fallen.

Bellmaus. Das ist ein göttlicher Witz!

Adelheid *(sich verneigend)*. Ich grüße Sie, meine Herren! *(zu den Mitarbeitern)* Habe ich Recht, wenn ich annehme, daß diese Herren bis jetzt bei der Redaction beschäftigt gewesen sind?

Bellmaus *(eifrig)*. Ja wohl, gnädiges Fräulein! Herr Kämpe für leitende Artikel, Herr Körner für die französischen und englischen Correspondenzen, und ich für Theater, Musik, bildende Kunst und Allerlei.

Adelheid. Ich werde mich sehr freuen, wenn Ihre Grundsätze Ihnen erlauben sollten, auch ferner Ihr Talent meiner Zeitung zu gönnen. *(Die drei Mitarbeiter verbeugen sich.)*

Bellmaus *(die Hand auf's Herz legend)*. Gnädiges Fräulein, unter Ihrer Redaction bis an das Ende der Welt!

Adelheid *(lächelnd und verbindlich)*. Ach nein – nur bis in jenes Zimmer *(weist auf die Thür rechts)*. Ich brauche eine halbe Stunde, um mich für meine neue Thätigkeit zu sammeln.

Bellmaus *(im Abgehen)*. Das wird eine ausgezeichnete Geschichte! *(Bellmaus, Kämpe, Körner ab.)*

Adelheid. Herr Professor, Sie haben die Leitung der Zeitung mit einer Bereitwilligkeit niedergelegt, welche mich entzückt. *(Mit Bedeutung)* *Ich wünsche die Union auf meine Weise zu redigiren (faßt seine Hand und führt ihn zum Obersten).* Herr Oberst, er ist nicht mehr Redacteur; wir haben ihn überlistet, Sie haben Ihre Satisfaction.

Oberst *(die Arme ausbreitend).* Kommen Sie, Oldendorf! – Was geschehen ist, that mir leid seit der Stunde unserer Trennung.

Oldendorf. Mein verehrter Freund!

Adelheid *(auf die Thür links deutend).* Dort drinnen ist noch Jemand, welcher an der Versöhnung Theil zu nehmen wünscht. Vielleicht ist's Herr Gabriel Henning.

Ida.

Ida *(an der Seitenthür).* Eduard! *(Oldendorf eilt zur Thür, Ida ihm entgegen, er umarmt sie. Beide ab nach links, der Oberst folgt.)*

Adelheid *(artig).* Bevor ich Sie, Herr von Senden, ersuche, sich für die Redaction der Zeitung zu interessiren, bitte ich Sie, diese Correspondenz durchzulesen, welche ich als einen Beitrag für mein Blatt erhalten habe.

Senden *(wirft einen Blick hinein).* Mein Fräulein, ich weiß nicht, wessen Indiscretion –

Adelheid. Fürchten Sie keine von meiner Seite, ich bin Zeitungsbesitzerin und *(mit Beziehung)* werde das Redactionsgeheimnis bewahren.

Senden *(verbeugt sich).*

Adelheid. Darf ich Sie um das Document bitten, Herr Justizrath? Und wollen die Herren die Güte haben, den Verkäufer über den Ausgang des Geschäftes zu beruhigen? *(Verbeugungen. Senden und Schwarz ab.)*

Adelheid, Bolz.

Adelheid *(nach einer kleinen Pause).* Nun, Herr Bolz, was soll ich mit Ihnen anfangen?

Bolz. Ich bin auf Alles gefaßt; ich wundre mich über nichts mehr. – Wenn nächstens Jemand ein Capital von hundert Millionen darauf verwendet, alle Neger mit weißer Oelfarbe anzustreichen, oder Afrika viereckig zu machen, mich soll's nicht wundern. Wenn ich morgen als Uhu aufwache, mit zwei Federbüscheln statt Ohren und mit einer Maus im Schnabel, ich will zufrieden sein und denken, es sind schon mehr Schlechtigkeiten vorgefallen.

Adelheid. Was haben Sie, Konrad? Sind Sie unzufrieden mit mir?

Bolz. Mit Ihnen? Sie sind großmüthig gewesen wie immer; nur zu großmüthig! Und Alles wäre recht schön, wenn nur diese ganze Scene nicht möglich gewesen wäre. Dieser Senden!

Adelheid. Er wird nicht wieder kommen. – Konrad, ich halte zur Partei!

Bolz. Triumph! ich höre unzählige Engel Posaune blasen! Ich bleibe bei der Union!

Adelheid. Darüber habe ich nicht mehr zu entscheiden. Denn ich muß Ihnen noch ein Geständniß ablegen. Auch ich bin nicht der wirkliche Eigenthümer der Zeitung.

Bolz. Nicht? – Nun bei allen Göttern, mein Witz ist zu Ende, dieser Eigenthümer wird mir allmählich gleichgültig. Ob er ein Mensch, ein Irrwisch oder Teufel Beelzebub selber ist, ich biete ihm Trotz!

Adelheid. Er ist eine Art Irrwisch, er ist ein klein wenig Teufel, und vom Kopf bis zur Zeh ist er ein großer Schelm. Denn Konrad, mein Freund, Geliebter meiner Jugend, Sie sind es selbst! *(gibt ihm das Document.)*

Bolz *(eine Weile starr, liest).* Abgetreten an Konrad Bolz – richtig! – Das wäre so eine Art Geschenk. – Kann nicht angenommen werden, ist viel zu wenig. *(wirft das Papier zur Seite.)* Hebe dich weg von mir, Ueberlegung! *(fällt vor Adelheid auf die Knie)* Hier knie ich, Adelheid! Was ich rede, weiß ich vor Entzücken nicht, denn die ganze Stube tanzt um mich herum. Wenn du mich zum Mann nehmen wolltest, so thätest du mir den größten Gefallen von der Welt! Willst du mich nicht, so gib mir einen Backenstreich und jage mich fort.

Adelheid *(sich zu ihm neigend).* Ich will dich – *(ihn küssend)* Diese Wange war's.

Bolz *(aufspringend).* Und dieser Mund ist's. *(Küßt sie, sie halten sich umarmt, kleine Pause.)*

Oberst, Ida, Oldendorf.

Oberst *(erstaunt an der Thür).* Was ist das?

Bolz. Herr Oberst, es geschieht unter Verantwortlichkeit der Redaction.

Oberst. Adelheid, was seh' ich?

Adelheid *(die Hand nach dem Obersten ausstreckend)*. Mein Freund! Die Braust eines Journalisten!

(Indem Ida und Oldendorf von beiden Seiten zu dem Paar eilen, fällt der Vorhang.)

Graf Waldemar

Personen.

Waldemar Graf Schenk.

Hugo Graf Schenk, sein Vetter.

Rittmeister von Randor.

Heinrich von Sorben.

Fedor Iwanowitsch Fürst Udaschkin.

Georgine Fürstin Udaschkin.

Hiller, Gärtner.

Gertrud, seine Tochter.

Hans, sein Pflegesohn.

Gordon, Stallmeister,
Box, Kammerdiener, des Grafen Waldemar.

Frau Box, seine Mutter

Rosa, ein Bürgermädchen.

Bose, Arbeiter.

Der Bezirksvorsteher.

Ein Nachtwächter.

Kammerfrau,
Gregor, Diener, der Fürstin Udaschkin.

Gäste. Volk. Bediente.

Erster Akt.

Szene.

Zimmer des Grafen Waldemar. Im Vordergrunde rechts und links Tische und Sessel.
Box, gleich darauf Gordon.

BOX *schlägt mit einem seidenen Tuch den Staub von den Sesseln, dem eintretenden Gordon lebhaft entgegen.* Nun, Gordon, der Herr Graf hat schon dreimal nach dir gefragt; wie steht's mit Lovelace, unserm Reitpferd?

GORDON. Sage dem Grafen, er soll den Stallbedienten schwarzen Trauerflor kaufen, das beste Pferd der Residenz geht zum Teufel.

BOX. So ist keine Hilfe?

GORDON. Wie soll man helfen, wenn der Leib aufgerissen ist wie eine lecke Tonne? Das Tier liegt und kann nicht leben, nicht sterben; es könnte einen Stein rühren. Und so umzukommen, durch reinen Übermut des Reiters! Pfui, 's ist schändlich.

BOX. Was hat der Herr denn eigentlich mit dem Rappen gemacht?

GORDON. In einen Abgrund hinuntergerast ist er, über Geröll und Baumstämme, bis das Pferd stöhnend an einem spitzen Felsen aufrannte. Der Reiter sprang auf die Beine, wie eine Katze, das Pferd blieb liegen. – O es ist schändlich; wenn Zwei zusammen einen dummen Streich machen, der bessere von beiden muß immer die Zeche bezahlen.

BOX. Schrei doch nicht so, der Herr wird sogleich hier sein.

GORDON. Was kümmert mich! – Doch nein, ich will ihn jetzt nicht sehen, ich habe Weib und Kind und bin nicht in der Verfassung untertänig zu reden. *An der Tür.* Sag' ihm, er soll barmherzig sein und dem Pferd eine Kugel vor den Kopf schießen, ich will die Qual nicht länger ansehen. *Ab.*

BOX *allein.* Eine ehrliche Seele, ein echter Biedermann, so oft er zornig ist. In ruhigem Zustande betrügt er den Grafen beim Futtern, aber wenn er in die Hitze kommt, bläht seine Tugend sich auf wie eine Fischblase am Feuer. Du lieber Himmel, es geht uns anderen Menschen gerade so! – Ah, der Herr Graf! Das wird ein finsterer Tag werden.

Waldemar.

WALDEMAR. Was macht Lovelace?

BOX *traurig.* Jede Hoffnung ist dahin, er liegt im Sterben. Die Stallknechte bitten um Erlaubnis, acht Tage schwarzen Flor tragen zu dürfen; Gordon will dem Leiden des Sterbenden durch eine Kugel abhalfen.

WALDEMAR *finster.* Niemand soll ihn berühren, ich habe ihn geliebt, ich selbst will ihn töten. – Hole die Pistolen. – *Box ab.* Armer Lovelace, du warst mir sehr lieb, du warst die Poesie meines Lebens! – Bah! hinweg auch mit dir!

BOX *bringt ein Pistolenkästchen, setzt es auf den Tisch, präsentiert eine Tasse.* Der Herr Graf haben noch nicht die Schokolade genommen.

WALDEMAR. Dorthin! – Was Neues?

BOX. Vor einer Stunde kam dies Billett.

WALDEMAR. Eine fremde Damenhand! – Was erregt deine heitere Laune, Herr Box?

BOX. Verzeihung, ich wage den Inhalt zu erraten. Goldene Arabesken auf dem Kuvert, ein kleiner Gott auf dem Siegel und das Billett wurde von einer fremden Frau beim Portier abgegeben. *Achselzuckend.* Man kennt das. Es ist der schüchterne Wunsch einer Dame, ihre Schüchternheit los zu werden.

WALDEMAR. Hast du's bereits gelesen?

BOX. Oh, gnädiger Herr, das wäre gegen meine Grundsätze, versiegelte Briefe lese ich nur im äußersten Notfalle.

WALDEMAR *das unerbrochene Billett vom Tische nehmend.* Es riecht nach Moschus, es ist von einer Witwe *Wirft es wieder hin.* Sie lieben den Geruch, weil er die letzte Arzenei ihres seligen Mannes war. – Sage dem Portier, er soll keine dergleichen Briefe annehmen.

Bedienter. Graf Hugo.

BEDIENTER. Herr Graf Schenk!

WALDEMAR *ihm entgegen.* Guten Morgen, Hugo!

HUGO. Ich komme als ein Bittender und außerdem, um dich auszuschelten.

WALDEMAR. Erst fordere und dann zanke.

HUGO. Ich bin hundert Louisdor schuldig und soll zahlen.

WALDEMAR. Weiter nichts? *Geht zum Tisch und schreibt.* Ich habe so selten die Freude, der Zahlmeister meines tugendhaften Vetters zu sein, daß ich mich beeilen muß, die Gelegenheit zu benützen.

HUGO. Und du fragst nicht einmal, wem und wann ich zu zahlen habe?

WALDEMAR *die Achseln zuckend.* Du bist verheiratet, Hugo; es wäre unbescheiden, einen Ehemann nach seinen stillen Nebenausgaben zu fragen.

HUGO. Du irrst, dies ist eine Ehrenschuld.

WALDEMAR. Pfui, wer wird Ehrenschulden machen! Überlaß das den Leutnants unserer Garde. – Hier, Hugo, hast du eine Anweisung für meinen Bankier – und jetzt schmähe, predige, schilt mich aus, ich bin bereit zu hören. Hast du gefrühstückt? Gut, so erlaube, daß ich meine Schokolade trinke.

HUGO. Gestern war ich zum kleinen Zirkel des Palais befohlen. Seine Hoheit frug, warum du niemals zu sehen feist, da bemerkte die Fürstin ernst: er paßt nicht hierher, es ist ihm zu still unter uns.

WALDEMAR *mit dem Löffel klappernd.* Nein, aber zu langweilig.

HUGO. Zuletzt sprach der Herr zu mir: Noch wünsche ich nicht, daß Ihr Vetter dem Hofe fremd werde. In den Worten liegt die Drohung deiner Verbannung.

WALDEMAR. Umgekehrt, Freund, sie haben Furcht, daß ich den Hof in den Bann tun könnte. – Nun, und das ist alles?

HUGO. Du bist in Gefahr, von dem Hofe aufgegeben zu werden, ist das nicht genug? – Was man in den einzelnen Gruppen über dich flüsterte, vieles mag unwahr oder entstellt sein, aber es blieb doch genug, was mich mit Schmerz erfüllte. Waldemar, ein so reicher Geist, ein so adliger Sinn, ich wenigstens kenne dein Herz, und ein so verwüstetes, zerfahrenes Leben!

WALDEMAR *humoristisch.* Verwüstet? Bah, das ist Verleumdung. Ich bin in meinem Leben nicht betrunken gewesen, ich habe nie mehr als eine, höchstens zwei Geliebte, ich verspiele nie mehr Geld, als ich gerade in meiner Tasche trage. Sind das nicht achtungswerte Grundsätze? – Es ist wahr, ich kann mehr Champagner vertragen, als jeder andere, ich wechsle oft mit den Damen meiner Laune, und Box, der Schuft, steckt mir zuweilen große Summen in meine Spieltasche, aber sind das nicht alles eher Vorzüge als Fehler? Und du nennst mein Leben zerfahren? – Pfui, Hugo, das sind die Ansichten eines Nachmittagspredigers.

HUGO. Nicht was du tust, will man schelten, sondern was du nicht tust. Du bist Standesherr, vielleicht der reichste Grundbesitzer des Landes, die Stellung legt auch große Pflichten auf, gegen dich selbst, gegen die Angehörigen, gegen das Land.

WALDEMAR. Mein Sohn, da tust du mir wieder sehr unrecht und zwingst mich, mein eignes Lob zu singen. Für den Staat bin ich ja ein wahrer Pfeiler des Ruhmes. Habe ich jemals bei unseren öffentlichen Versammlungen gefehlt? Habe ich nicht sogar Reden gehalten, die mit allem Flitterstaat moderner Phrasen verbrämt waren und mehrere Zeitungen in Begeisterung versetzten, und wenn ich aus Langerweile gähnen mußte, habe ich nicht stets mein Taschentuch vor den Mund gehalten? – Und ferner, bin ich nicht Ehrenmitglied oder Präsident unzähliger wissenschaftlicher und gemeinnütziger Gesellschaften? Frage nur meinen Sekretär, der kennt ihre Namen. – Und endlich meine Güter, meine Untertanen, denen bin ich ja ein wahrer Vater!

Alle Jahre revidiere ich meine Beamten, alle fünf Jahre jage ich einen von ihnen wegen Unterschleif aus dem Dienst, was willst du mehr? Die Geistlichen auf meinen Gütern melken eine Kuh mehr, und die Schulmeister mästen sich ein Ferkel mehr, als alle ihre Kollegen. – Frage doch bei meinen Bauern nach, ob ich ihnen nicht ein liebevoller Herr bin, ich habe Nachsicht mit Steuerresten, und wenn ich ja ihre Frauen und Töchter küsse, sieh mich an, Hugo, die kommende Generation wird deshalb nicht schlechter werden.

HUGO. Das eben ist es, was man dir vorwirft, dein Spott, dies Verachten von allem, was andern heilig ist. Man beargwöhnt dich, weil man eine Kraft fürchtet, die du nicht gebrauchst; man muß dir alle Grundsätze absprechen, weil man nicht weiß, was du achtest.

WALDEMAR. Was ich achte? in unserer nervösen, schwachen, auflösenden Zeit? Sehr wenig! Und die Kraft, die deine Güte mir zutraut, wozu soll ich sie gebrauchen? Zu Taten? Welche Männertat rätst du mir an? Sieh dich um, Hugo. Gebrüll, Geschwätz, Klagen, nirgend eine große, frische, fortreißende Tat. Wäre ich ein Spanier oder Tektosage, so wäre ich wahrscheinlich der Anführer einer schwarzen, höllenheißen Bande von Schelmen geworden, die den Teufel als Schutzpatron verehrt; da ich aber das Glück habe, der höchst zivilisierte Graf Waldemar Schenk zu sein, so begnüge ich mich, den Gang der Welt zu verlachen, ich reite die wildesten Hengste und setze im Roulette seit zehn Jahren nur einzelne Nummern. Wenn mein Pferd vor einer Hecke bäumt, oder ein Weib mir zornig den Rücken kehrt, so habe ich doch Augenblicke, wo ich lebe. Sind es auch keine Taten, so sind es doch Aufregungen.

HUGO *ernst.* Ja, Aufregungen, die dich vernichten müssen.

WALDEMAR. Was tut's? Ich habe dann wenigstens mehr gelebt, als ihr andern. Übrigens ist es recht gutmütig von dir, daß du mich so ehrbar konservieren willst. Denke daran, daß du mein einziger Verwandter und künftiger Majoratsherr bist. Sieh, Hugo, noch fünf Jahre so fortgelebt, und ich bin fertig, dann noch ein fünf Jahre in die Bäder gereist, und die Posse hat ein Ende. Dann trittst du an meine Stelle, *Mit feiner Ironie.* du wirst deine Rolle besser spielen. – Grüße deine Frau und vergleiche meine Rechnung mit der ihren, sie ist eine kluge Dame.

HUGO *aufstehend.* Jetzt zwingst du mich zu schweigen, denn du tust mir und meiner Frau unrecht.

WALDEMAR. Du bist, was man einen Mann von Charakter nennt, und deine Gemahlin ist eine Dame mit vielem Pflichtgefühl. Sie würde ihren halben Schmuck opfern, um mein Leben auf vierzehn Tage zu verlängern, aber dabei träumt sie doch alle Nächte von der Zeit, wo ihr Gemahl in mein Erbe tritt. Ich kenne das. Und im Vertrauen gesagt, Hugo, ich selbst habe Stunden, wo mir's ganz gelegen wäre, wenn es zu Ende ginge.

HUGO. Das Gespräch ist ernster geworden, als ich wollte, laß uns hier abbrechen. Nur noch eins. Man verdenkt dir sehr deinen Umgang mit den Udaschkins.

WALDEMAR. Mit den Udaschkins? Ist der Fürst nicht bei Hofe präsentiert? Hat er nicht alle Feuerproben der Gesellschaft bestanden?

HUGO. Bei alle dem gilt er für einen rohen, wüsten Burschen, und seine Verwandte, die Fürstin Georgine, ist bei Hofe nicht präsentiert. Der Gesandte ihrer Heimat zuckt schweigend die Achseln, wenn man nach ihr fragt.

WALDEMAR. Ich habe so etwas gehört. Die Ehe der Fürstin mit ihrem verstorbenen Gemahl wurde zu Paris vollzogen und ist durch ihren Monarchen noch nicht legitimiert, ich glaube, es wird darum verhandelt. Was aber kümmert das mich? Die Fürstin ist eine reizende Kokette, ein feiner, intriganter Kopf und durchaus von gutem Ton. Sie ist eine von den Frauen, die einem beim ersten Begegnen vor kommen wie alte Bekannte, man hat sie schon irgendwo gesehen, im Traume, im Monde, was weiß ich. – Ich gestehe dir, daß ich eine Passion für sie habe, und wäre es nicht gar zu abgeschmackt, so könntest du sie am Ende noch als Schwägerin begrüßen müssen. Der Fürst aber ist ein sehr ergötzliches Exemplar schlecht überfirnißter Barbarei; er ist sehr ruchlos, und ich habe ihn im Verdacht daß er beim Spiel sein Glück sich selbst zu machen sucht. Kurz, er ist lächerlich und abgeschmackt bis zum Überdruß.

HUGO. Und solchen Menschen duldest du in deiner Nähe?

WALDEMAR. Warum nicht? Seine Bestialität ist mir ein ewiger Ableiter schlechter Laune, bei unsern kleinen Soupers ist er das Stichblatt für die besten Scherze.

Box.

BOX *tritt zur Seite an den Grafen und meldet leise.*
WALDEMAR *beiseite.* Wer ist es?
BOX. Sie trägt einen doppelten schwarzen Schleier.
WALDEMAR. Dummkopf, du sollst wissen, wer sie ist.
BOX. Zu Befehl, es ist die Kammerfrau der Frau Fürstin.
WALDEMAR. Gut, in das blaue Kabinett. *Box ab.* Hugo, ich werde in Anspruch genommen.
HUGO. Mir gerade recht, ich war im Begriff deiner Laune gegenüber den Kürzeren zu ziehen. *Bricht auf.*
WALDEMAR *ihm die Hand reichend.* Um so schlimmer für mich, denn ich war auf dem besten Wege, den solidesten Mann der Residenz in einen Bruder Liederlich zu verwandeln. *Hugo ab.*
WALDEMAR *die Seitentür links öffnend.* Treten Sie ein, Madame.

Kammerfrau.

KAMMERFRAU. Dies Billett von der Frau Fürstin; sie bittet um mündliche Antwort.
WALDEMAR. Sogleich. *Liest.* Ich erwarte Sie heut nachmittag. Vermeiden Sie mein Ungeheuer von Schwager. Er quält mich mit seinen Torheiten und ist sehr eifersüchtig auf Sie. Alle meine Leute sind in seinem Sold, meine Kammerfrau ist die einzige, der ich traue.

Box.

BOX *durch die Mitteltür.* Der Herr Fürst steigen die Treppe herauf.
KAMMERFRAU. Er darf mich nicht finden.
WALDEMAR. Führe ihn durch die Bibliothek. *Box ab.* – Er liest nie und wird sich dort langweilen. – Ich bitte um die Ehre, der Frau Fürstin heut aufwarten zu dürfen. – Dort hinaus, Madame, die Treppe hinab führt eine kleine Tür auf die Querstraße, vermeiden Sie gesehen zu werden. *Kammerfrau ab.*

Udaschkin, durch Box eingeführt.

UDASCHKIN. Schon bereit auszugehen, mein Herr Graf? oder störe ich Ihre Morgenstudien? Ah! die Pistolen auf dem Tisch, vielleicht ein Abenteuer? Ich bin neugierig.
WALDEMAR. Er spioniert, er bläst die Nasenlöcher auf.
UDASCHKIN *beiseite.* Ich rieche eine Frauentoilette, eine Botschaft meiner Schwägerin war hier, ich sah ihre Kammerfrau aus einer Droschke steigen – der Lasse!
WALDEMAR. Bevor ich von Ihrer Gegenwart irgend eine Notiz nehmen kann, mein Fürst, müssen Sie mir ein Versprechen ablegen.
UDASCHKIN. Ein Versprechen, mein liebenswürdiger Freund? Und das wäre?
WALDEMAR. Sie müssen mir feierlich geloben, Ihren Kammerdiener fortzujagen und Ihrem Schneider das Ärgste anzutun, Sie sind beiden eine große Rache schuldig. Wie haben die Menschen Sie zugerichtet! Pfui, mein Fürst! Diese Garderobe ist Ihnen von den Schurken in einer Trödelbude gekauf worden. Bei Gott, man kann mit Ihnen nicht sprechen, so lange Sie dieses Beinkleid tragen.
UDASCHKIN. Unmöglich das. Mein Schneider ist derselbe, den Sie mir empfohlen haben. – Mein Freund ist heut in guter Laune.

WALDEMAR. Ich habe das Glück stets darin zu sein, so oft ich Ihnen meine Ehrfurcht bezeigen darf. – Übrigens kommen Sie zu rechter Zeit, mein Fürst, ich habe eine Exekution vor.

UDASCHKIN. Eine Exekution? Das will ich mit ansehen. An Menschen oder an Vieh?

WALDEMAR. An einem Tiere. Sie sollen sehen wem sie gilt. Erlauben Sie mir die Pistolen zu laden.

UDASCHKIN *sich setzend.* Nach Belieben. Wissen Sie, lieber Graf, mein Pinx ist angekommen.

WALDEMAR *ladend.* Wer ist das?

UDASCHKIN. Nun, Pinx, ein alter Götze, ein Steinbild.

WALDEMAR. Pinx? kenne ich nicht.

UDASCHKIN. Ja, er heißt Pinx. Er liegt auf vier Beinen, sieht aus wie ein Löwe und hat den Kopf eines Frauenzimmers, er wird in Italien aus der Erde gegraben.

WALDEMAR. Ah so, eine Sphinx. Und wozu haben Sie eine Sphinx gekauft, mein Fürst, man kann sie nicht essen, man kann sie nicht trinken, man kann auch nicht auf ihr ausreiten.

UDASCHKIN. Ich baue einen Stall für meine Jagdhunde, da lasse ich das Ding vorsetzen. Es ist jetzt in der Mode, das wunderliche Zeug.

WALDEMAR. Nun, beim Zeus, eine ägyptische Sphinx endet damit, nach zweitausend Jahren einen asiatischen Hundestall zu bewachen. Das ist eine seltsame Karriere, und wenn das dir geschieht, du altes Bild ewiger Ruhe und starren Schweigens, so kann niemand wissen, wohin wir bewegliche und geschwätzige Menschen noch kommen werden. – Ich bin fertig, mein Fürst, und stehe zu Ihren Diensten. – Jetzt zu dir, mein edler Lovelace, es ist ein schwerer Gang.

UDASCHKIN. Also zur Exekution und dann zum Frühstück. Es sind neue Seefische angekommen, mein Freund, die wollen gewürdigt sein. *Beide ab.*

Box. Gertrud.

BOX. Ich traue meinen Augen nicht. Sie Mamsell Gertrud – und in diesem Zimmer?

GERTRUD. Woher kennen Sie mich, mein Herr?

BOX. Wer sollte Mamsell Gertrud nicht kennen, die schöne Gärtnerin, die barmherzige Schwester der Vorstadt! – Mein Name ist Box, Karl Box, ich bin ja der Sohn derselben Frau, welche die Ehre hat, Sie manchmal in Ihrem Garten zu besuchen.

GERTRUD. Ihre Mutter ist eine gute Frau, ich freue mich, wenn Sie ihr ähnlich sind.

BOX *sich verbeugend.* Die Familienähnlichkeit ist noch nicht bezweifelt worden. – Aber Sie hier, und Sie wollen den Herrn Grafen sprechen – und allein?

GERTRUD. Ja, mein Herr.

BOX *kopfschüttelnd.* Es ist unbegreiflich, könnte denn nicht vielleicht ich die Sache besorgen? Ich sage das wirklich aus guter Meinung.

GERTRUD. Ist Ihr Herr denn so arg?

BOX. So arg? – Das gerade nicht, aber sehen Sie, er ist jungen Damen gegenüber doch manchmal –

GERTRUD *bittend.* Sie essen sein Brot, sprechen Sie gut von ihm. Daß ich hier bin, sei Ihnen ein Zeichen, daß mich etwas Ernstes herführt.

BOX. Nun, ich habe Sie gewarnt. – Erwarten Sie den Herrn, er wird sogleich kommen. *Box ab.*

GERTRUD *allein.* Hier also wohnt er, der übermütige, lasterhafte Mann! – Und doch sieht er aus wie ein edles Menschenbild. Neulich ritt er an unserer Tür vorüber, die Nachbarin nannte seinen Namen und sprach eine Verwünschung dazu, er aber sah so gleichgültig und stolz in die Welt, als könne ihn kein Unglück treffen. – Er hat keine Eltern, kein Weib? – ob er jemanden hat, an dem sein Herz hängt? *Zwei Schüsse hinter der Szene. Gertrud zusammenfahrend.* Ha, was ist das?

WALDEMAR *aufgeregt, schnell eintretend, die abgeschossene Pistole in der Hand.*

GERTRUD *entsetzt.* Wen haben Sie getötet?

WALDEMAR *in einen Sessel sinkend.* Meinen Freund. *Gertrud wendet sich zur Flucht, Waldemar die Pistole wegwerfend.* Mein Lieblingstier! *Pause. Waldemar aufblickend.* Wie kommen Sie hierher?

GERTRUD *finster.* Ihr Kammerdiener hat mich eingeführt.

WALDEMAR. Box ist sehr gütig, so zu rechter Zeit für meine Unterhaltung zu sorgen. – Wer sind Sie?

GERTRUD. Gertrud Hiller, die Tochter eines Gärtners aus der Vorstadt.

WALDEMAR. Und was führt Sie zu mir, mein Kind?

GERTRUD. Ich werde es Ihnen sagen, sobald mich kein fremdes Ohr hören kann.

WALDEMAR. Ich bin allein. – Wenn Sie mit einer Bitte kommen, so wenden Sie sich an meinen Sekretär.

GERTRUD. Ich komme zu bitten.

WALDEMAR. Für sich selbst, oder für andere?

GERTRUD. Für einen andern.

WALDEMAR. So lassen Sie hören.

GERTRUD. Es sind jetzt sieben Jahre, da lag ein armes verlassenes Mädchen in unserer Vorstadt, ich pflegte sie, weil sich sonst niemand um sie kümmerte. Endlich genas sie eines Knaben. Auf ihrem Schmerzenslager aber hat sie die Hände gerungen und gegen Sie ausgesagt, Herr Graf.

WALDEMAR *mit den Achseln zuckend.* Das ist gar nicht unmöglich. Vor sieben Jahren war ich wild und rücksichtslos, wie die Leidenschaft eines Jünglings zu sein pflegt. – Nun, erzählen Sie weiter. Sie wenden sich ab? Ah! Sie müssen mir nicht zürnen. Es ist gar zu schwer, geistreich auszusehen, wenn man nach sieben Jahren in solch süßes Geheimnis eingeweiht wird.

GERTRUD *finster.* Mutter und Kind blieben ein Vierteljahr in unserer Nähe; das Mädchen wußte sich nicht zu erhalten, die Nachbarn halfen aus, soweit sie konnten. An einem Morgen war das Mädchen verschwunden, das Kind lag in einem Korbe sorgsam eingehüllt vor der Tür des Nachbars.

WALDEMAR. Das ist eine traurige Geschichte. Wer war die Mutter?

GERTRUD. Wir wußten wenig von ihr. Sie war eine Fremde und nannte sich Luise. Ihr Name steht im Kirchenbuch, das Kind ist darauf getauft; man sagt, sie sei beim Chor der Oper gewesen.

WALDEMAR. Bei der Oper! – Es ist mir dunkel wie ein Traum, daß ich eine kurze Verbindung mit einer Grisette des Chors hatte, es war unmittelbar vor meiner Reise nach England. Und das Kind? es lebt?

GERTRUD. Es lebt, es wird von ehrlichen Leuten auferzogen. Aber seien Sie ruhig, Herr Graf, niemand außer meinem Vater weiß, wem der Knabe angehört.

WALDEMAR *lächelnd.* Nun, das Unglück wäre nicht groß. Dennoch danke ich Ihnen für Ihre Verschwiegenheit.

GERTRUD *beiseite.* Er ist kalt wie Eis und mir erstarrt das Wort auf den Lippen.

WALDEMAR. Bevor ich Ihnen meine Ansicht über diese romantische Geschichte mitteile, verzeihen Sie noch eine Frage. Weshalb beehren Sie mich erst jetzt nach sieben Jahren mit Ihrem Vertrauen?

GERTRUD. In der ersten Zeit haben wir häufig nach Ihnen gefragt, aber jahrelang hieß es, Sie wären auf Reisen. Seit Sie zurückgekehrt sind, haben wir uns oft nach Ihnen erkundigt, doch was die Leute erzählten, hat uns abgeschreckt, Sie Aufzusuchen.

WALDEMAR *spöttisch.* Und was hat man sich von mir erzählt? Warum schweigen Sie, mein Kind? Gönnen Sie mir die Freude, Gutes über mich zu hören. Nun?

GERTRUD. Man nannte Sie hart, hochmütig und frevelhaft.

WALDEMAR *sich spöttisch verneigend.* Ich bin er kenntlich für die gute Meinung.

GERTRUD. Und doch war es nötig, daß ich das Geheimnis nicht für mich behielt. Wenn dem Kinde etwas widerfuhr, Sie sind ja doch sein Vater und haben ein Recht auf den Knaben. In den letzten Wochen aber hat man sich viel erzählt, daß Kinder gestohlen werden, und als ich neulich sah, wie ein fremder Mann von verdächtigem Aussehen mit dem Knaben spielte und ihn an sich lockte, kam mir die schnelle Angst, Ihrem Sohn könne ein Unglück zustoßen, und ich empfand, daß die Verantwortlichkeit für mich zu groß, und daß Schweigen ein Unrecht sei. Deshalb entschloß ich mich hierher zu kommen. Ich habe meine Pflicht getan und will jetzt gehen.

WALDEMAR. Noch einen Augenblick, Mademoiselle. Hören Sie zuvor meine Ansicht über diese Erzählung, sie wird, so hoffe ich, Ihre Unzufriedenheit mit mir verringern. Ich habe für die Wahrheit dessen, was Sie sagen, keine Bürgschaft als Sie selbst. Ich versichere Ihnen mit Vergnügen, ich bin überzeugt, Sie sprechen wahr und meinen es in Ihrem Sinne gut. Aber wer bürgt Ihnen dafür, daß die Mutter des Kindes ebenso wahr gegen Sie gewesen ist?

GERTRUD. Sie glaubte zu sterben, als sie verzweifelnd Ihren Namen anklagte. Später habe ich ihr versprechen müssen, gegen jedermann zu schweigen. In Fieberträumen aber hat sie oft von Ihnen gesprochen, Sie zärtlich und klagend angeredet und Sie gescholten.

WALDEMAR. Vielleicht ist auch das kein Beweis, ein gesetzlicher gewiß nicht. Ich weiß nur, daß ich kurze Zeit mit einem Mädchen vom Chor des Theaters tändelte; selbst der Name, den Sie nennen, tönt mir fremd, und vergebens suche ich das Bild der Verschwundenen in mein Gedächtnis zurückzurufen. Ich wurde von meinem Vater damals auf Reisen geschickt, war drei Jahre im Ausland und nach der Rückkehr hatte ich die flüchtige Bekanntschaft völlig vergessen.

GERTRUD. Vergessen? Kann ein Mensch so etwas vergessen, die Liebe eines Mädchens vergessen, so wie man einen Namen vergißt oder die Nummer eines Hauses?

WALDEMAR *lächelnd.* Und doch ist es so, und Ihnen, meine Liebe, wird nichts übrig bleiben, als mich für einen echten Teufel zu halten. Doch gleichviel. Sie zeigen warmen Anteil an dem Kinde und einen ungewöhnlichen Sinn; um Ihretwillen, mein schöner Anwalt, will ich annehmen, daß ich vollständig berechtigt sei, dem Knaben ein väterliches Interesse zu schenken. – Was wünschen Sie, daß ich für das Kind tue? *Gertrud schweigt.* – Ohne Zweifel macht seine Erziehung zunächst Auslagen, hier nehmen Sie, künftig wird mein Sekretär Sorge tragen. *Er reicht ihr ein Papier aus der Brieftasche.*

GERTRUD *zurückweisend, mit Selbstgefühl.* Sie irren, Herr Graf, der Knabe braucht kein Geld; die Leute, welche ihn an Kindes Statt angenommen haben, sind nicht reich, aber was sie haben, wird hinreichen, das Kind zu einem braven Menschen zu machen. Sie irren, Herr Graf, und da Sie mich nicht kennen, verzeihe ich Ihnen den kränkenden Verdacht, welcher in Ihrem Anerbieten liegt. Was ich von Ihnen erbitten wollte, war etwas ganz anderes, und es ist traurig, daß Sie das nicht einmal ahnen. Ihre Liebe wollte ich für das Kind, das Auge, die sorgende Hand eines Vaters. Er ist allein, ein einsames Reis in fremden Garten gesetzt! Wenn er, wie Kinder tun, fragt, wo seine Eltern bleiben, wann sie zu ihm kommen werden, was soll man ihm antworten? Er hat keine Eltern! – Und Sie selbst – was Ihr größtes Glück wäre, das fröhliche Lachen des Kleinen zu hören, für ihn zu sorgen, an seinem Lager zu wachen und sich zu freuen, wenn er fleißig und brav ist, das alles müssen auch Sie verlieren! – Ich muß weinen, daß es so gekommen ist gegen die Natur und gegen den heißen Wunsch meiner Seele. Ihnen aber, Herr Graf, soll das Schicksal dieses Knaben niemals mehr heitere Laune erregen, er soll nie erfahren, daß sein Vater ihn zweimal von sich gestoßen hat. *Ab.*

WALDEMAR. Bei Gott, ein hochherziges Mädchen, und welche Bußpredigt! Ich sah mich bereits sitzen, einen weißhaarigen, rotbäckigen Bengel auf dem Schoß und vor mir drei bis vier größere ditto, wie Gänse mit ausgestreckten Hälsen schreiend. Vater, Brot! während mir der Jüngste in aller Stille den Rockschoß unsauber macht. – Und welche Lobsprüche sie meinem Charakter gab, lasterhaft war das wenigste, – aber es stand ihr nicht schlecht, es war Überzeugung. – Bei alle dem kann die Sache so nicht bleiben, für den unnützen Jungen muß gesorgt werden, und du, schöne Gertrud, sollst erfahren, daß es nicht ratsam ist, den Satan in seiner eigenen Hölle am Bart zu ziehen. *Er schellt.*

Box.

WALDEMAR. Wirst du das Mädchen wieder erkennen, wenn du ihr begegnest?

BOX *beiseite*. Da haben wir das Unglück. *Laut*. Gewiß, Herr Graf, denn ich kenne sie bereits.

WALDEMAR. Was weißt du von ihr?

BOX *beiseite*. Jetzt nur nicht zu sehr gelobt. *Laut*. Je nun, sie gilt für ein gutes Ding, sie hat in früher Jugend ihre Mutter verloren und hilft ihrem alten Vater bei der Gärtnerei; meine Mutter wohnt in ihrer Nähe.

WALDEMAR. Das trifft sich gut.

BOX. Die würdige Frau hat den Wunsch, aus mir und dem Mädchen eine Partie zu machen. Doch sie ist arm und so gewöhnlich, nichts Apartes, und da habe ich mich zurückgehalten. *Kühl*. Sonst wäre sie eine recht brauchbare Frau für mich.

WALDEMAR. Für dich?! – Vorläufig wirst du die Güte haben, deine Absicht auf das Mädchen aufzuschieben.

BOX *beiseite*. O weh!

WALDEMAR. Ich will ausfahren. Hut und Handschuhe. – Box, man spricht übel von uns unter den Leuten.

BOX *den Hut präsentierend*. Ich fürchte auch, Herr Graf, man nennt unsern Wandel unmoralisch.

WALDEMAR *mit verstellter Gutmütigkeit*. Das schmerzt mich um deinetwillen, mein treuer Box. Deine Tugend wird mit meinen Sünden in einen Topf geworfen, und ich fürchte, die Verleumdung wagt sich auch an deine reine, uneigennützige Seele.

BOX *geschmeichelt*. Ach, Herr Graf, mein gutes Bewußtsein gibt mir die Kraft, Verleumdung zu verachten.

WALDEMAR. Das freut mich. *Seine Börse einsteckend*. Höre, redlicher Box, wenn du mir das nächste Mal Geld aus meiner Börse stiehlst, so sei weniger unverschämt.

BOX *erschrocken*. Wie, gnädiger Herr?

WALDEMAR. Du hast gestern das Unglück gehabt, ein altes Geldstück zu mausen, das ich persönlich kenne.

BOX. Herr Graf, das ist ein ungeheures Mißverständnis. Das Geldstück muß ich wiederfinden.

WALDEMAR. Ja, in deiner Tasche. Kannst du denn das abgeschmackte Stehlen nicht lassen? – Bist du unzufrieden mit deinem Lohn? Ich will ihn verdoppeln, wenn du schwörst, meine Börse in Ruhe zu lassen.

BOX *gerührt*. Herr Graf, es wäre schändlich von mir, wenn ich das annähme, denn es würde nichts helfen. Wenn Sie mir meinen Gehalt verdoppeln, so würden sich meine Bedürfnisse verdreifachen, und die zarten Beziehungen zu Ihrer Börse könnten sich dann leicht bis in das Große steigern.

WALDEMAR. Dann müssen wir's freilich beim Alten lassen – Vergiß aber nicht, daß, wenn wir beide miteinander spielen, ich die Katze bin und du die Maus, und nimm die Versicherung, daß die Sonne des Himmels auf keinen größern, abgefeimtern Spitzbuben herniederscheint, als mein tugendhafter, ehrlicher Box ist. Guten Morgen, Herr Box! *Ab*.

Zweiter Akt.

Erste Szene.

Palmenhaus, goldenes Netzwerk in maurischem Stil, als Dekoration tropische Staudengewächse. Rechts zur Seite ein Fenster, links eine Tür, Zugänge im Hintergrund. Ein Diwan, Stühle, ein Tisch. Georgine Fürstin Udaschkin auf dem Diwan liegend und lesend. Kammerfrau.

GEORGINE *aufblickend.* Die Luft ist so schwül, öffne das Fenster. *Kammerfrau tut's.* – Nimm den Fächer und verjage mir die Fliegen. – Wie ungeschickt du bist! – Ist mein Armband abgeholt?

KAMMERFRAU. Der Juwelier hat es selbst gebracht.

GEORGINE. Heut abend will ich es tragen. – *Aufschreckend.* Mein Gott, was summt dort? du hast eine Wespe hereingelassen, jage sie hinaus, auf der Stelle, *Kammerfrau schlägt mit dem Taschentuch in die Luft.* schließe das Fenster. – Es ist sechs Uhr, der Graf muß sogleich hier sein.

Udaschkin vom Hintergrund.

UDASCHKIN. Nicht zu Hause? Ich hörte Sie sprechen, Georgine Petrowna, und will nicht von Ihrer Tür zurückgewiesen werden, wenn ich weiß, daß Sie für andere, als Ihren Schwager, zu Hause sind.

GEORGINE. Da Sie sich selbst mit solcher Zartheit einführen, mein Fürst, so ersparen Sie mir die Lüge, Sie willkommen zu heißen. Was führt Sie zu mir, Fedor Iwanowitsch? Haben Sie unglücklich gespielt, oder ist einer Ihrer Jagdhunde krank, weil Sie kommen, Ihre liebenswürdige Laune gegen mich zu äußern?

UDASCHKIN. Sie sind immer geistreich, Frau Fürstin, und ich bin betrübt, daß ich Ihnen etwas zu erzählen habe, was Ihren Ohren nicht angenehm sein wird.

GEORGINE. Sie haben sich hier eingedrängt, und ich habe jetzt keine Lust, Ihre Erzählung zu hören. Wenn Ihnen das nicht Schweigen auferlegt, so werden Sie wenigstens mir erlauben, Ihre Anwesenheit zu ignorieren *Legt sich und liest.*

UDASCHKIN *sich setzend.* Nach Belieben. Sie werden um so schärfer hören, je mehr Sie sich den Schein geben, zu lesen. – Zuerst erlaube ich mir, Sie an die Zeit zu erinnern, wo mein seliger Bruder die Torheit beging, Ihnen Georgine Petrowna, seine Hand zu reichen. Damals war ich Ihr Freund, Ihr liebes Schwägerchen Fedor Iwanowitsch, und Sie wissen, daß ich es war, der meinem armen, alten Bruder den Gedanken an eine Vermählung mit Ihnen eingab.

GEORGINE *über das Buch.* Dafür bezahlte ich Ihre Schulden.

UDASCHKIN. Dafür ließen Sie sich in seinem Testament zur Universalerbin machen, und mir fiel ein kärgliches Legat zu. Ich aber habe den Willen, das zu ändern. – Sie haben den Leichtsinn begangen, die Dokumente und Papiere, durch welche Sie Ihre Ansprüche bei unserm Hofe begründen wollen, in meine Hände gelangen zu lassen.

GEORGINE *verächtlich.* Das ist unwahr, Sie haben mir die Papiere genommen.

UDASCHKIN. Gleichviel! Ich habe sie jetzt, und es kommt auf mich an, wie ich dieselben gebrauchen werde. Und außerdem, bedenken Sie, was können Sie als Fremde, ohne Schutz, ohne Verbindungen gegen mich durchsetzen, wenn ich als Ihr Feind auftrete? Deshalb schlage ich Ihnen eine Vereinigung vor. Entschließen Sie sich, mich zu heiraten – ich werde Sie alsdann nicht mehr durch meine Gegenwart belästigen, Sie leben in Paris, ich auf unsern Gütern, und Sie sollen jede Sicherheit für ein standesgemäßes Auskommen erhalten. – Sie schweigen, Sie würdigen mich keiner Antwort? *Laut.* Georgine Petrowna, Sie sind in meiner Hand, und Sie sollen das einsehen.

GEORGINE *klingelt, zu dem eintretenden Bedienten.* Ein Glas Wasser für den Herrn Fürsten.

UDASCHKIN *wütend.* Nimm das, du Hundesohn, für dein Glas Wasser! *Schlägt nach ihm.*

GEORGINE. Der Ärger wird Ihnen schaden, lieber Vetter Fedor Iwanowitsch.

UDASCHKIN. Weib, reize mich nicht! Wohl weiß ich, auf wen du vertrauest, auf deine geschnürte Puppe, den übermütigen Grafen. Hüte dich, Frau Fürstin! ohne mich fällst du und deine Fürstenschaft zusammen in ein Nichts. – In drei Tagen frage ich wieder nach, vielleicht kommt dir bis dahin die Einsicht; wo nicht, so sollst du, Georgine Petrowna, vergehen, wie dürres Holz im Ofen. *Ab.*

GEORGINE. Gehen Sie mit Gott, mein lieber Vetter! – *Aufspringend.* Gemeiner Bösewicht, ich trotze dir! O fort, fort aus dieser Roheit und Heuchelei, zu ihm, zu ihm in seine freie Luft! – Waldemar, du wilder Falk, dich muß ich zähmen, damit dein Flügelschlag mir die Ratte verjagt! – Aber er ist unzugänglich wie ein Vogel in der Luft. – Vergebens, ihn durch Leidenschaft zu fesseln, er ist gewöhnt, zu genießen und zu verraten. – Ich muß ein Mittel finden, ihn unauflöslich an mich zu ketten. Er muß mich achten, er muß heimisch werden bei mir, und wenn er die Geliebte nicht sucht, muß er eine Freundin, eine Häuslichkeit finden. – Dazu brauche ich den Knaben. – Wenn ich ihm den Knaben entgegenführe und zurufe: Waldemar, das ist dein Sohn, ich erziehe ihn, ich bin ihm Mutter! das muß ihn verwirren, vielleicht wird es ihn rühren. – Vielleicht! Und wenn er sich achselzuckend abwendet mit seinem kalten Lächeln? Ich will dafür sorgen, daß er das nicht mehr kann. – Aber wie das Kind erhalten? Ich darf keinen Schritt tun, das wäre gefährlich. Er, er soll mir das Kind bringen, er selbst soll die Schlinge knüpfen, die ihn fesselt. Vorsicht, Vorsicht, Georgine!

Kammerfrau. Waldemar aus der Seitentür.

KAMMERFRAU. Der Herr Graf. *Ab.*

GEORGINE *ihm entgegen.* Willkommen, mein lieber Freund! Ich sehne mich nach einem Menschen, der mich beklagt oder mich auslacht, gleichviel, wenn er sich nur mit mir beschäftigt.

WALDEMAR. Ich bin bereit, zu lachen oder zu weinen und ganz dem Beispiel Ihrer Augen zu folgen. Ich erhalte dadurch eine Veranlassung, recht lange und tief hineinzusehen.

GEORGINE. Das war eine recht jugendliche, gefühlvolle Artigkeit. Sie haben heute Kummer gehabt, weil Sie so elegische Töne anschlagen?

WALDEMAR *lachend.* Diese mitleidige Frage erspart mir die Bitte, auch mich zu beklagen: Lovelace ist tot.

GEORGINE *erschrocken.* Lovelace? Das Juwel der Rennbahn, mein schöner, artiger, stolzer Freund! O, das ist traurig! Und ich trage die Schuld, denn um mir einen Tannenzweig zu holen, warfen Sie das Pferd in den Abgrund. – Pfui, Waldemar, das war unrecht, und ich bin Ihnen gram von heute ab, denn Sie haben mich zur Mitschuldigen an dem Verderben eines Lieblings gemacht.

WALDEMAR. Er starb den Tod eines Helden, ich habe ihn heut früh erschossen.

GEORGINE. Das ist ein so ernstes Leid, daß ich mit meinem Unglück dagegen nicht aufkommen werde. Und doch habe auch ich Ursache zur Trauer. Was sagen Sie, mein Freund? Fürst Udaschkin hat soeben um meine Hand angehalten.

WALDEMAR *entschuldigend.* Er muß einen Rausch haben.

GEORGINE. Leider war er sehr nüchtern. – Auf Sie ist er eifersüchtig, wie ein Türke, ich aber bin von ihm abhängig, denn er ist der einzige Verwandte, den ich habe, der einzige Zeuge und Vertreter meiner Ansprüche; außerdem sind wichtige Papiere von mir in seinen Händen.

WALDEMAR. Die muß er herausgeben.

GEORGINE. O wenn Sie das bewirken könnten, Herr Graf! Sie haben Einfluß auf ihn.

WALDEMAR. Wie der Bärenführer auf seinen Bären, ich muß ihn beständig das Seil fühlen lassen.

GEORGINE. Schön, schön! und jetzt genug der Klagen, jetzt etwas Leichtsinn und Übermut. Noch um einen Ritterdienst bitte ich Sie, Graf Waldemar.

WALDEMAR. Befehlen Sie, Frau Fürstin, ich bin bereit, mit Helm und Lanze auszuziehen.

GEORGINE. Graf Waldemar soll in diesem Stadtteil einen Beutezug machen und mir einen Pagen einfangen.

WALDEMAR. Einen Pagen?

GEORGINE. Ja, Page, Groom, Puppe, Spielzeug, was Sie wollen. – Ich fühle mich einsam, Graf Waldemar, und will mich unterhalten, ich will jemand haben, dem ich Zuckerbrot geben kann, der mich küßt, wenn ich es befehle, und den ich schlagen darf, wenn ich übler Laune bin. Dazu brauche ich einen kleinen Jockei, er muß aber noch niedlich sein, so ein sieben, acht Jahre.

WALDEMAR. Einen Knaben wollen Sie?

GEORGINE. Ja, mein Graf, und Sie sollen mir den schaffen.

WALDEMAR. Allah akbar, Gott ist groß, und niemand kann seinem Schicksal entgehen, mein Schicksal aber ist offenbar, Kinderfrau zu werden.

GEORGINE. Sie zögern, Herr Graf? das ist abscheulich.

WALDEMAR. Nein, ich überlegte nur, welch unendliches Glück dem Kinde Ihrer Wahl blüht. Entweder füttern Sie ihn in den ersten vier Wochen mit Biskuit zu Tode, und dann ist er glücklich, denn er scheidet in aller Unschuld von dieser sündigen Erde, oder Sie verziehen ihn zu dem nichtswürdigsten kleinen Taugenichts, der jemals einen armen Hausfreund gebissen und gekratzt hat.

GEORGINE *lachend.* Vortrefflich! Ich sehe schon, wie er an Ihnen selbst hinaufklettert und Ihre Haare rauft. *Fröhlich.* Allerliebst!

WALDEMAR. Läßt sich diese wünschenswerte Szene aber nicht durch andere Mittel herbeiführen? Wäre nicht ein Papagei ebensogut?

GEORGINE. Nein.

WALDEMAR. Oder zwei Sympathievögel?

GEORGINE. Nein.

WALDEMAR. Oder ein kleiner Affe?

GEORGINE. Nein, nein, nein. Es muß ein Kind sein, ein hübscher, kräftiger Junge mit Bausbacken und lockigem Haar. – Und im Vertrauen, ich habe schon einen im Anschlage.

WALDEMAR. Das hätte ich vermuten können.

GEORGINE. Ich fuhr neulich durch die Gartenstraße, da sah ich ein Kind, einen kleinen Engel, ganz meine Sehnsucht. Ich frug nach seinen Angehörigen – er ist eine Waise – und wird bei dem Gärtner Hiller erzogen.

WALDEMAR *betroffen beiseite.* Ha! Was ist das? Wenn das Zufall ist, so sind wir die Knechte seiner Laune! – Das ist seltsam.

GEORGINE *beiseite.* Er ist betroffen, er weiß von dem Knaben. – Was ist seltsam, mein Freund?

WALDEMAR. Ich habe heut bereits von demselben Kinde gehört. – *Beiseite.* Und das Mädchen selbst erzieht den Knaben, was bedeutet das wieder?

GEORGINE. Und wissen Sie, warum mir der Knabe so gefiel? *Liebevoll.* Es war wohl eine Torheit, aber er sah Ihnen ähnlich, mein lieber Freund.

WALDEMAR. Es ist doch nur ein Zufall! Gut, Frau Fürstin. Sie sollen den Knaben erhalten, wenn es möglich.

GEORGINE. Das ist herrlich, und ich danke Ihnen im voraus. Wenn Graf Waldemar etwas verspricht, so ist es bereits getan.

WALDEMAR *aufbrechend.* Und wann darf ich Sie wiedersehen?

GEORGINE. Himmel! Ich tändle mit Bagatellen und vergesse, daß ein ernstes Schicksal über mir schwebt. Mein Freund, mein lieber Freund, ich darf Sie in der nächsten Woche nicht öffentlich empfangen.

WALDEMAR. Georgine! Das wäre grausam. Ich verstehe nicht ganz die Abhängigkeit, in welcher Ihr Wille von dem eines gemeinen Toren steht, aber es versteht sich, daß ich ihn respektiere. Muß ich Sie aber ganz entbehren, weil ich bei Ihrer Tür nicht vorfahren darf? Meine Freundin, ich kann Ihre liebenswürdige Laune nicht mehr missen.

GEORGINE. Entbehre ich nicht auch, wenn Sie mir fern sind? Und doch *Nach dem Fenster sehend.* ich weiß nicht, wie zu helfen.

WALDEMAR. Wohin endet der Garten?

GEORGINE. In eine Seitengasse der Vorstadt. – Ich verstehe Sie, Herr Graf, und ich bekenne Ihnen ohne Erröten, daß ich für mich die Gefahr nicht fürchte, welche in solch stillem Besuch liegt. Aber der Fürst und meine eigenen Leute, auf die ich mich nicht verlassen kann –

WALDEMAR *fein.* Die Tage nahmen ab, es wird früh dunkel.

GEORGINE *mit Empfindung.* Waldemar! *Pause.* Wohlan, es sei! *Schüchtern.* Hier ist der Schlüssel zur Gartenpforte.

WALDEMAR *ehrerbietig.* Dank, Georgine. Lassen Sie uns aber als treue Verbündete die Waffen tauschen. Es könnte wohl geschehen, daß Sie mir eine Botschaft zu senden hätten, welche nicht die Loge meines Portiers passieren darf, haben Sie die Gnade, diesen Schlüssel Ihrer Kammerfrau zu übergeben, er öffnet die Tür meines Gewächshauses, von ihm führt ein bedeckter Gang zu meinen Privatzimmern.

GEORGINE *den Schlüssel schnell ergreifend.* Ich werde dies Pfand des Vertrauens selbst bewahren. Und jetzt, Waldemar, leben Sie wohl! *Legt die Hand auf seine Schulter, sieht ihn an.*

WALDEMAR *leise.* Und wenn darf ich kommen?

GEORGINE. Heut abend um neun Uhr erwarte ich Sie beim Tee. Meine Kammerfrau wird Sie zu mir führen.

WALDEMAR. Ich komme, Georgine. *Ab.*

GEORGINE *allein, ihm nachsehend.* Ich habe ein hohes Spiel gespielt und ich habe gewonnen. – Der Knabe und dieser Schlüssel. Jetzt, Graf Waldemar, bist du mein! *Ab.*

Udaschkin, dann Kammerfrau.

UDASCHKIN *vom Hintergrund hereinkommend, sieht sich vorsichtig um, geht an die Tür links, klopft leise, Kammerfrau tritt heraus.* Graf Schenk war hier.

KAMMERFRAU. Er war hier, gnädigster Herr.

UDASCHKIN. Was wurde gesprochen?

KAMMERFRAU. Sie sprachen vieles vom gnädigen Herrn, und der Herr Graf versprach, die Frau Fürstin gegen den Herrn zu schützen, er wolle Pan Fedor Iwanowitsch zwingen, Papiere herauszugeben.

UDASCHKIN. Der Lasse! – Was weiter?

KAMMERFRAU. Endlich ging es über den neuen Pagen.

UDASCHKIN. Dummheit!

KAMMERFRAU. Zuletzt gab ihm die Pana den Schlüssel zur Gartentür.

UDASCHKIN. Du Hund! Schon so frech! Weiter, weiter.

KAMMERFRAU. Heut abend um neun Uhr soll ich ihn erwarten.

UDASCHKIN. Du wirst ihn erwarten, aber er wird nicht hereinkommen.

KAMMERFRAU. Was will Pan Fedor Iwanowitsch tun? Es wird ein Unglück geben, und auf mich wird die Schuld fallen.

UDASCHKIN. Sei ruhig, Täubchen. Hier das leg’ auf deine Zunge. *Gibt ihr Geld.* Fort! *Kammerfrau ab. Udaschkin nach dem Hintergrund, rufend, mit unterdrückter Stimme.* Gregor! Senka!

Gregor, noch ein Diener.

GREGOR *sich verneigend.* Was befiehlt Deine Erlaucht?

UDASCHKIN. Leise, ihr Schlingel! Ich will jemanden prügeln lassen, meine Söhnchen!

GREGOR. Soll geschehen, Väterchen Fedor Iwanowitsch.

UDASCHKIN. Es muß geschehen, eins, zwei, drei! Er darf nicht wieder aufstehen.

GREGOR. Wir verstehen. Meinst du so? *Zeigt demütig ein Messer.*

UDASCHKIN. Nein, Kinderchen, das macht zu viel Geschrei. – Laßt das Eisen an eure Stöcke schlagen, so tut's denselben Dienst und 's bringt mehr Schande und weniger Bedauern.

GREGOR. Gut. Aber das ist gefährlicher Verdienst. Was soll aus uns werden?

UDASCHKIN. Ich schaff' euch heut eure Pässe, morgen seid ihr auf dem Wege nach Hause. Fort mit euch, ihr Enkel eines Fuchses! Um halb neun erwarte ich euch in meiner Wohnung, ihr müßt euch verkleiden. *Diener ab.* – Du tadelst meine Röcke, du willst den Marder spielen in meinem Hühnerhofe. Hüte dich, Graf Waldemar, du sollst in den nächsten Wochen nicht daran denken, mir Dokumente abzutrotzen. Heut wird der Tanzbär dir zum Tanz trommeln!

Zweite Szene.

*Garten. Im Hintergrund Gartenmauer mit einer offnen Tür, welche auf die Straße führt. An der
Tür eine Glocke. Links zur Seite der Eingang zum Wohnhause. Abendlicht.*
Frau Box, Gertrud kommen aus dem Hause.

FRAU BOX. Heut habe ich ihn wieder gesehen. Ein großer Mann mit einem Schnurrbart, so
lang, – er schlich sich auf den Hans zu, der vor der Tür spielte. Hier stand der Hans und spielte,
und so schlich sich der fremde Mann zu ihm heran und lockte den Hans, wie man eine Henne
lockt: putt, putt, und hielt ihm eine Brezel hin.

GERTRUD *lachend.* Was Sie sagen! Vielleicht gefiel ihm der Hans, und es war nur Freund-
lichkeit.

FRAU BOX. I Gott bewahre! Freundlich sah er nicht aus, und er hatte auch einen Mantel
um, recht wie ein Ausländer. Es war ein Gauner, liebe Gertrud, und Sie mögen den Hans in
acht nehmen, das habe ich gesagt, und ich kenne die Welt.

GERTRUD. Ich danke Ihnen, Frau Box, ich will den Hans hüten, so sehr ich kann. Aber
wer könnte auch etwas von unserm Knaben wollen?

FRAU BOX. Ach! Die Welt ist arg, und es geschehen ungeheure Verbrechen gegen die un-
schuldigen Kin der. Nun, gute Nacht, es ist Feierabend, die Arbeiter gehen nach Hause. Gottes
Segen über jeden, der eine Heimat hat und ein Obdach zur Nacht! Und wem's daran fehlt,
dem möge der Herr beides bescheren. Gute Nacht!

GERTRUD. Gute Nacht, Frau Box, vergessen Sie Ihre Nachbarin nicht! *Frau Box ab, Gertrud bleibt an der offnen Tür stehen.*

Rosa geht vorbei.

ROSA *an der Tür stehen bleibend.* Guten Abend, Gertrud!
GERTRUD. Willkommen, Röschen, wo kommst du her?
ROSA. Habe Milch geholt zum Abend. – Morgen ist Refourcentanz im Löwen, kommst
du hin?
GERTRUD. Nein, lieber Schatz, du weißt, ich tanze nicht, aber meine kleine Rosa wird
dort sein.
ROSA *froh.* Ja, Gertrud, der Wilhelm Schwarz kommt auch hin.
GERTRUD. Ah so, der Wilhelm! – Höre, Rotbäckchen, dann wirst du dich wohl aufs beste
putzen; wenn du Blumen brauchst, weißt du, wo welche zu haben sind. – Aber jetzt sage guten
Abend, sonst schilt deine Mutter. – *Rosa ab.*

Arbeiter Bose geht vorüber.

Guten Abend, Bose! Wie geht's Euch, lieber Mann?
BOSE *herantretend.* Na, so so, Mamsell Gertrud. Seit meine Selige tot ist, will's nicht recht
gehen. Man plagt sich den ganzen Tag, wie ein Lasttier, und wenn man abends nach Hause
kommt, ist die Stube finster und der Herd kalt, und die Kinder verwildern bei dem Leben.
GERTRUD. Ja, es war ein großes Unglück für Euch! Aber Klagen hilft nicht, seht nach
vorwärts, Mann, Ihr müßt wieder heiraten.
BOSE. Ja, wenn sich nur jemand fände.
GERTRUD. Ei, Mädchen gibt's genug, und Ihr seid ein ordentlicher Mann. Ihr müßt nur
etwas auf Euch halten. Seht her, hier ist ein großes Loch in der Jacke. Immer hübsch akkurat im
Anzug, das haben wir Mädchen gern, und ein ordentlicher Rock gibt dem Menschen Freude
an sich selbst und Freude am Leben.
BOSE *lächelnd.* Sie haben immer recht, liebe Mamsell, und mit dem Heiraten, das will ich
mir bedenken.

GERTRUD. Gute Nacht, Bose. Hört, Nachbar, morgen ist Sonntag, da schickt Eure Kinder zu mir, wir wollen sie über den Abend behalten.

BOSE. Ich danke, liebe Mamsell. *Ab.*

Hans Hacke und Korb tragend, hinter ihm Hiller von der Seite.

HANS *wirft Hacke und Korb weg, läuft auf Gertrud zu.* Tante Gertrud!

GERTRUD *sich zu ihm niederbeugend.* Mein Johannes, jetzt gehörst du mir ganz!

HILLER. Du Wildfang, wer wird das Gerät in den Weg werfen! Guten Abend, meine Tochter! – Der Maulwurf stößt auf, es wird Regen geben; alle Kreatur sehnt sich danach, die Pflanzen dürsten. – Geh', Hans, suche Birnen in den Korb. *Hans ab.*

GERTRUD. Bist du müde?

HILLER. Das Alter drückt, nicht die Arbeit. – Es soll mich wundern, ob die Noisettes morgen aufblühen, meinst du nicht auch?

GERTRUD. Was, Vater?

HILLER. Du hörst mich nicht, du bist in Gedanken.

GERTRUD. Ich dachte an den Hans, und daß er jetzt uns allein gehört.

HILLER. Und ich an unsere Rosen. Man wird haushälterisch mit seinen Gedanken, wenn man alt wird. Laß uns jeden Tag für das Kleine sorgen, was gerade not tut, dann kommt uns das Größere von selbst. Der Hans gedeiht, der Kohl gerät, und dem Maulwurf stell' ich morgen seine Falle. So ist alles in Ordnung.

GERTRUD. Ich habe heut einen andern Menschen gesehen der war so verschieden von uns. Er lacht, wo wir weinen, er verspottet, was uns heilig ist, das tut mir weh.

HILLER. Hinweg mit den traurigen Gedanken! Du weißt, ich ärgere mich nicht gern, und vollends am Feierabend nicht. Darum sei fröhlich, Gertrud, tue deine Pflicht und gib mir mein Abendbrot.

GERTRUD. Du hast recht, Vater. *Beide ab. Es wird dunkel.*

Waldemar.

WALDEMAR. Hier wohnt sie – und sie selbst erzieht den Knaben! Ist das ein seiner Anschlag auf meine Börse? – Nein, das ist es nicht. Sie stand vor mir so stolz und mit einem Anstrich von Begeisterung, wie eine Seherin aus der Zeit, wo man es liebte, Eicheln zu essen; mir war, als hörte ich einen Eichwald hinter ihr rauschen; sie ist keine Betrügerin. Doch was kann sie sein? Eine Schwärmerin – bürgerliche Religiosität, frommes Pflichtgefühl, das ist es, – um so unbequemer für mich. – Du lockst mich, schönes Rätsel, und ich will dich lösen, so wahr ich ein unbußfertiger Sünder bin! – – Und die Fürstin, wie kommt sie gerade auf dieses Kind?

HANS *von der Seite anmarschierend, legt seinen Stock auf ihn an.* Halt! wer da?

WALDEMAR. *Memento mori!* Das ist der laufende Wechsel, den ich akzeptieren soll.

HANS. Steh' still, oder ich schieße!

WALDEMAR. Nein, du steh' und nenne deinen Namen, mein junger Held.

HANS *den Stock wegwerfend.* Ich heiße Hans Waldemar.

WALDEMAR. Da haben wir's. – Nun, ich brauche mich seiner nicht zu schämen.

Sie betrachten einander.

HANS *ihm gegenüberstehend, die Hände in den Höschen.* Was siehst du mich denn so an?

WALDEMAR. Die Stimme der Natur in meiner Brust schweigt recht verstockt – aber es ist ein frischer Gesell. – Du gefällst mir, kleiner Mann.

HANS. O du gefällst mir auch. *Holt einen leichten Gartenstuhl.* Hier setze dich und warte, bis die Tante kommt. Es dauert nicht lange.

WALDEMAR *sich setzend.* Der alte und der junge Meerkater aus der Hexenküche. Hans, du sollst mich unterhalten.

HANS. Willst du einen Apfel haben? Nimm, ich schenk' ihn dir.

WALDEMAR. Das ist mein Sohn. – Ich danke dir.

HANS. Willst du nicht, so ess' ich ihn selber. Die Kerne samml' ich mir. Wenn ich einen Haufen habe, so gebe ich sie dem Großvater, der steckt sie in die Erde, da werden Bäume draus, so groß. Für einen Haufen Kerne schenkt mir der Großvater zwei Pfennige, die tu' ich in die Sparbüchse.

WALDEMAR. Er spart – das ist meine Junge nicht.

HANS *eifrig.* O ich kann schon lesen, Tante Gertrud lehrt mich's. Hinten im Buch ist ein Hahn, der kann krähen; wenn ich die Woche fleißig gelernt habe, kräht er mir Sonntags einen Pfennig aus. – *Schelmisch mit der Hand drohend.* O ich weiß, der Hahn kräht nicht, den Pfennig legt mir Tante Gertrud in das Buch.

WALDEMAR. So? – Du fängst sehr früh an, dir die süßen Täuschungen des Lebens zu zerstören. Darin wenigstens erkenne ich eine Verwandtschaft mit mir. Du hast volles Haar, mögen deine Locken sich länger kräuseln als die deines – Gastes. – Auch reinlich sieht er aus, er macht seinen Pflegeeltern keine Schande. *Hans drängt sich an ihn.* Hör', Hans, grüße den Hahn in deinem Bilderbuch, und leg ihm den Pfennig in den Schnabel *Gibt ihm einen Dukaten.*

Gertrud ist während der letzten Rede aus dem Hause gekommen.

GERTRUD *erschüttert.* Was seh' ich!

HANS *das Geld betrachtend.* Ein gelber Pfennig. – Tante Gertrud, sieh, was ich hier habe.

GERTRUD *sich zu ihm beugend.* Einen Dukaten. Gib dem Herrn das Geld zurück, sage ihm, du hast, was du brauchst.

HANS. Da, Mann, nimm zurück, ich habe, was ich brauche, ich schenke dir's wieder.

GERTRUD. Geh' in die Stube, Hans, zum Großvater.

HANS. Ich gehe. Gute Nacht, Mann *Ihm die Hand reichend.* ich habe, was ich brauche, gute Nacht. *Hans ab.*

WALDEMAR *ohne Empfindlichkeit.* Warum bestreiten Sie mir das Recht, den Kleinen zu beschenken, da Sie mir doch heut früh größere Rechte über ihn einräumen wollten?

GERTRUD. Noch weiß ich nicht, ob der Herr Graf den Willen hat, diese Rechte anzuerkennen. – Und doch, Sie sind hier, welcher andere Grund kann Sie zu uns geführt haben?

WALDEMAR. Wohl, ich bin geneigt, den Teil dieses jungen Lebens, welcher etwa mir angehört, in Anspruch zu nehmen.

GERTRUD. O dann Gottes Segen über Sie und diese Stunde!

WALDEMAR. Und so habe ich in meiner Weise bereits über das Kind verfügt.

GERTRUD *schmerzlich.* Verfügt? – Herr Graf, als ich nach langem Zögern den Entschluß faßte, Ihnen auszusprechen, daß Sie Pflichten gegen unsern Johannes hätten, sagte ich mir auch, daß Sie dadurch das Recht erhielten, über das Schicksal des Kindes zu entscheiden. Es wurde mir sehr schwer, auch darein mich zu fügen, aber es ist Ihr Recht, sprechen Sie, ich bin bereit zu gehorchen.

WALDEMAR. Es freut mich, schöne Gertrud, daß Sie so empfinden, das Verständnis wird uns jetzt leicht werden. – Eine Freundin von mir, die Fürstin Udaschkin, sucht einen Knaben; sie hat das Kind schon gesehen und wünscht es zu besitzen. Ich habe die Absicht, ihr den Kleinen zu übergeben, und bitte um ihre Zustimmung.

GERTRUD. Eine Fürstin? eine Fremde? – O mein Gott, was wird sie aus dem Hans machen? Alle Stauden, die wir blühend und gesund in die großen Säle leihen, nach wenig Stunden sind sie in der heißen Stubenluft verwelkt und siechen dahin. O mein Knabe, mein armer Knabe!

WALDEMAR. Dieser Schmerz dauert mich, mein Fräulein, er macht Ihrem Herzen Ehre.

GERTRUD. Nicht auf mich kommt es an, und was ich fühle. Der Knabe, Ihr Sohn, sein Glück ist es, um das ich sorge. Ist die Fürstin eine gute Frau?

WALDEMAR. Sie ist gütig, wo sie liebt.

GERTRUD. Wird sie den Kleinen lieben, für sein Gedeihen sorgen, ihn lehren selbst, was Recht und Unrecht ist?

WALDEMAR. Ich hoffe, sie wird es.

GERTRUD. Aber seine Zukunft? Es ist ein Unglück für verlassene Kinder, von reichen Leuten erzogen zu werden. Sie lernen viel gebrauchen und viel für sich fordern, und wenn ein Zufall ihnen die künstlichen Stützen nimmt, so stehen sie schwach und kränklich, und jeder Windstoß zerbricht sie. – Will die gnädige Frau das Kind als ihr eignes annehmen und dafür sorgen, daß seine spätere Zukunft so prächtig wird, wie seine Erziehung?

WALDEMAR. Das, mein Fräulein, weiß ich nicht.

GERTRUD. O dann erbarmen Sie sich des Kindes, erbarmen Sie sich meiner, und verschenken Sie den Hans nicht. Sehen Sie ihn an, er ist gesund an Leib und Seele, er ist gewiß noch sehr unwissend, aber er hat ein gutes Gefühl für alles, was brav und schön ist. Lassen Sie den Knaben mir; wenn er so fortwächst, Sie können aus ihm machen was Sie wollen, er wird keinem Stand Unehre bringen, er wird fröhlich, er wird arbeitsam sein, er wird sich mit wenigem begnügen, o lassen Sie den Knaben mir! – Ich will ihn noch sorgsamer pflegen, seine Lehrstunden will ich verdoppeln, damit er schneller vorwärts kommt, denn es ist wahr, im Schreiben ist er noch zurück, aber er rechnet schon gut. – Ich will ihn auch recht sauber und zierlich kleiden, wenn Ihnen das Freude macht, aber ich beschwöre Sie bei allem, was Ihnen lieb ist, lassen Sie den Knaben mir.

WALDEMAR. Sie vergessen, Fräulein, daß ich jetzt die Pflicht habe, nach meiner Einsicht über den Knaben zu bestimmen.

GERTRUD *sich abwendend.* Ja, Sie sind sein Vater, und ich – bin seine Mutter nicht.

WALDEMAR. Wenn ich hier störrig bleibe, so verfluchen mich alle Geschöpfe, die jemals Vater- und Muttergefühl verspürt haben. In allen Ammenmärchen werde ich als Oger, als Ungeheuer eingeführt, die Sperlinge auf der Straße hacken in mich herein, und die Katzen ringen unter den Backöfen weinend die Pfoten über meine Ruchlosigkeit. – Ich muß ihr den Knaben lassen, das ist klar. – – Mein Fräulein, Sie empfinden sehr warm für das Kind fremden Leichtsinns.

GERTRUD. Es ist mir nicht fremd, es ist verwachsen mit meinem Leben. – *Finster.* Wann sollen wir Ihren Sohn der Dame übergeben?

WALDEMAR. Nein, bei Gott, Sie sollen ihn behalten. Ich wäre das, wofür Sie mich in diesem Augenblick halten, ein herzloser Bösewicht, wenn ich darauf bestünde, ihn aus einer solchen Heimat zu reißen.

GERTRUD. Wie? Sie nehmen uns den Hans nicht? Sie lassen ihn in meiner Pflege? O das ist gut, das ist edel, ich danke Ihnen, Herr Graf. *Will ihm die Hand küssen.*

WALDEMAR. Nicht so, um Gottes willen, das wäre eine Demütigung für mich. – Hören Sie mich an, Gertrud. Ich habe durch meinen Sekretär die nötigen polizeilichen Notizen gesammelt und in meinem Gedächtnis das Wenige, was sich darin vorfindet, zusammengesucht. Ich habe die Ansicht gewonnen, daß Ihr Pflegesohn allerdings einige Rechte an mich haben mag. In Ihre Hände leg' ich diese Rechte nieder, mit Ihrem Vater will ich das etwa Nötige besprechen, Ihrem Rat, Ihrer Leitung vertraue ich die Zukunft des Knaben, ich werde mich in allem durch Ihr Urteil bestimmen lassen.

GERTRUD. So ist es rechte; das ist wohlwollend und ehrlich, und ich bitte Sie herzlich, mir zu verzeihen, daß ich Sie lange Zeit ungerecht beurteilt habe.

WALDEMAR *beiseite.* Gutes Mädchen, sie bittet mich um Verzeihung. – Noch eine Frage. Die Fürstin interessiert sich für dies Kind, glauben Sie, daß irgend ein Gerücht über meine Stellung zu dem Knaben ihr Ohr erreicht hat?

GERTRUD. Das glaube ich nicht. Nie hat mein Vater, nie habe ich ein Wort gegen die Nachbarn geäußert; ich weiß nur, daß sich vor einigen Jahren ein häßliches Geschwätz verbreitet hatte, aber es verschwand wieder.

WALDEMAR. Und was war das?

GERTRUD. Es war nichts, es traf nicht Sie, nur mich ging es an. Es war eine Verleumdung, die mir damals Tränen gekostet hat. Aber ich konnte mich rechtfertigen; es wohnen noch Leute hier, welche die Mutter des Kindes gekannt haben.

WALDEMAR. Von dieser ein andermal. Ich mühe mich vergebens, ihre Person, ihr Wesen mir lebhaft vorzustellen, aber das Bild der Armen verschwimmt mir auf seltsame Weise mit dem Gesicht und Wesen einer andern Dame, mit der ich befreundet bin. – Doch es wird spät, und mich ruft ein Versprechen ab. Ich kam her mit kalter Gleichgültigkeit gegen die neue Beziehung meines Lebens, und ich scheide voll Bewunderung von dem, was ich hier gefunden. Gertrud, es ist meinem Stolz peinlich, Ihnen gegenüber klein und herzlos dazustehen. Ich möchte gegen Sie, die Ehrliche, wenigstens das Selbstgefühl der Aufrichtigkeit behaupten, und deshalb gestehe ich Ihnen, daß ich noch jetzt für den Knaben wenig Pflichtgefühl in mir trage; was ich tue, geschieht, weil ich für Sie Hochachtung empfinde und Ihnen gefallen will.

GERTRUD. Wie können Sie dem Hans gut sein? Sie sind ihm ja fremd. O Sie werden ihn einst lieben!

WALDEMAR *lächelnd*. Ich will mich mühen, da es Ihnen Freude macht. Deshalb aber möchte ich den Knaben von Zeit zu Zeit sehen. Wird mir seine holde Pflegerin erlauben, zuweilen in die stille Häuslichkeit dieses Raumes einzudringen, um ihren Liebling und sie selbst zu finden? *Gertrud steht nachdenklich.* Sie schweigen? Sie müssen mir den Wunsch versagen? Wohl sehe ich ein, daß ich noch kein großes Recht habe, diese Bitte zu tun.

GERTRUD. Sie haben das Recht, Ihren Sohn zu sehen, so oft Sie wollen, das Recht muß über jede Rücksicht gehen. So oft Sie deshalb kommen, werden Sie meinem Vater und mir willkommen sein.

WALDEMAR. Ich freue mich auch dieser zögernden Erlaubnis. Ich bitte Sie, mir die Hand zu reichen, als ein Zeichen der Versöhnung zwischen uns.

GERTRUD. Hier ist sie, Herr Graf; ich danke Ihnen für den Johannes und dafür, daß Sie so gütig zu mir gesprochen.

WALDEMAR. Ich möchte etwas tun, mir Ihre Freundschaft zu erringen.

GERTRUD *die Hand wegziehend, freundlich*. Lieben Sie den Knaben! *Ab in das Haus.*

WALDEMAR *allein*. Da hätten wir so ein kleines liebenswürdiges Stück Erdenleben ganz in der Nähe. Alle Freuden, Sorgen und Pflichten sauber und ordentlich zurechtgelegt, wie Kleider in einer Truhe, ein recht weißgewaschenes Gewissen oben darauf, und das Ganze mit Lavendel und Weinlaub bestreut. – Was ist dabei so Großes? Es ist die notwendige Beschränkung eines kleinen Lebens. Was die Leute an dem Knaben taten, ist gar nicht Besonderes, das kommt oft vor; was ist darüber zu staunen? – Und doch – mein lieber Waldemar, fühle ich eine leise Röte auf deinen Wangen; ich will hoffen, daß sie nicht etwa Scham ist, Scham vor dir selbst. Hinweg mit dem Spott! hier hilft er mir nichts. Bei allen Göttern, sie hat ein großes Herz, und ich stehe klein vor ihr. Sie erzieht meinen Sohn, den ich verleugnete, sie weiht ihr Leben einer großen Pflicht, die jedenfalls mir näher liegt, als ihr, sie hat Verleumdung erduldet, Opfer gebracht, und ich, ich will meine väterliche Autorität gebrauchen, dasselbe Kind wegzuschenken als einen Spielball seltsamer Frauenlaune. – Pfui über dich, mein Herr Graf, das muß geändert werden. – Als irgend ein blöder Narr sie wegen des Kindes verleumdete, da hat sie geweint. Das freut mich, denn das wenigstens war eine Schwäche von ihr. – Entweder wird mir das Mädchen noch sehr lästig, oder einiges an mir selbst wird mir zuwider. – Jetzt aber hinweg mit der Würde des Familienvaters, und ihr, schelmische Geister des Leichtsinns und fröhlicher Trunkenheit, geleitet mich in die weißen Arme der Freundin! *Trällert: une robe légère etc., ab. Es ist finster geworden.*

Gertrud. Hiller.

HILLER *von der eiligen Gertrud herausgezogen*. Was hast du, meine Tochter, wen soll ich sehen?

GERTRUD. Er ist fort. – Vater, er war hier.

HILLER. Wer?

GERTRUD. Er, der Vater unseres Johannes.

HILLER. Und was wollte er?

GERTRUD. Er will uns den Hans lassen, er will für das Kind tun, was wir ihm raten, er will manchmal zusehen, wie es dem Kleinen geht. Beim Abschied bot er mir die Hand und dankte.

HILLER. Siehst du, so ist alles gekommen, wie wir dachten, und ohne große Mühe. Ich habe dir immer gesagt, er ist nicht böse, er ist gewiß ein so braver Mann wie andere, er ist nur reich und vornehm, und deshalb müssen wir einige Nachsicht mit ihm haben.

GERTRUD. Nachsicht, Vater?

HILLER. Freilich, denn genau genommen, sind alle die vornehmen und reichen Leute nur unsertwegen da. – Wer würde uns die Kamelien abkaufen, oder unsern feinen Savoyerkohl, oder die Frühschoten, wenn es keine Reichen gäbe? Wir haben den Vorteil davon, ein gesundes, kräftiges Leben, sie leiden darunter, denn sie essen sich Leib und Seele krank. Deshalb tun sie mir leid, sieh und deshalb halte ich ihnen vieles zu Gute.

GERTRUD. Ebensogut kann das Rehkalb sagen, daß der Mond nur deshalb am Himmel hängt, ihm den Weg zum Saatfeld zu erleuchten.

HILLER. Und das Reh hat auch recht. Jeder ist da für alle andere, und der eine *Die Mütze lüftend.* in uns allen. Gute Nacht, Gertrud, schließe die Tür – und, mein Kind, denke heut nicht mehr an den Grafen. *Ab.*

GERTRUD *allein, schließt die Tür an der Gartenmauer.* Das war ein wichtiger Tag für uns alle, fing mit Regen an und endete mit Sonnenschein. Nun, der Hans kann sich freuen, er hat einen stattlichen Vater gefunden. Und böse ist er auch nicht, er läßt sich bedeuten; man kann doch ein Wort mit ihm reden und ihm Vorstellungen machen; so lieb’ ich’s. – Wo er jetzt schwärmen mag? Für Seinesgleichen fängt das Leben erst recht an, wenn die Sterne am Himmel stehen; da stecken sie in vergoldeten Stuben hundert Lichter an und schwirren wie die Motten herum; unterdes schlüpfen wir Tagvögel in das Nest und schlafen aus. – *Umkehrend.* Möge sein Schlaf erquickend sein, denn er hat heut ein gutes Werk getan. *Ab.*

Pause. Es läutet an der Gartentür.
Waldemar, dann der Wächter von außen.

WALDEMAR *gepreßt.* Gertrud! *Läutet.* –

STIMME DES WÄCHTERS *herbeikommend.* Was wollt Ihr an dem Hause? Hier wohnen ruhige Leute.

WALDEMAR. Einen Strauß will ich holen für meine Jungfer Braut.

WÄCHTER. Ihr könnt ja nicht gerade stehen, Mann, geht nach Hause.

WALDEMAR. Würdiger Nachtwächter – ich komme von einem lustigen Schmause – ich will mir einen Kranz kaufen. – Ich bitt’ Euch, nehmt dies Geld und geht zum Teufel.

WÄCHTER. Sie sind nicht in der rechten Verfassung, lieber Herr.

WALDEMAR. Gute Nacht – geh’ zum Teufel! *Wächter entfernt sich, Waldemar läutet.*

Gertrud mit Leuchte.

GERTRUD. Wer läutet so ungestüm? Wer will herein?

WALDEMAR. Der Vater des Knaben.

GERTRUD *zurückfahrend.* Ha, er!

WALDEMAR. Öffnen Sie, Gertrud!

GERTRUD. Nein!

WALDEMAR. Gut, so bleibe ich draußen liegen, bis mich morgen früh die Leute finden. – Es ist keine Poesie mehr im Volke.

GERTRUD *steht unentschlossen, endlich öffnet sie rasch, Waldemar tritt wankend ein, Gertrud ihm die Leuchte entgegenhaltend.* – Gerechter Gott, wie sehen Sie aus!

WALDEMAR. Wie Wilhelm, als er Leonoren heimführte. Auch ich habe einige Anwartschaft auf den Kirchhof. – Führen Sie mich zur Bank, Gertrud.

GERTRUD. Entsetzlich, Sie bluten!

WALDEMAR. Bah, ein ganz kleiner Stich, eine Wespe sticht herzhafter. Ruhig, Mädchen, schließen Sie die Tür. Kommen Sie näher, ich bin in der Stimmung, leise zu sprechen. Ich wurde von Schurken überfallen – nein, es waren keine ehrlichen Straßenräuber, es war ein guter Freund darunter – ich habe ihn erkannt, obgleich er sich herausgeputzt hatte, wie eine Nachteule. – Ich rang mich los und ich glaube, ich wäre ihrer Meister geworden, da erhielt ich zum Abschied einen Stich in Arm und Seite. Es ist nichts Großes; der mich stach, war gar zu feig.

GERTRUD *ihn haltend.* Bleiben Sie still, das Sprechen greift Sie an. Ich hole Hilfe.

WALDEMAR. Warte noch. – Nach meiner Wohnung ist weit, meine Leute dürfen mich so nicht sehen – ich muß den Skandal vermeiden. – Ich dachte an Sie, Gertrud, mir war, als gehörte ich hierher – rufen Sie Ihren Vater, sonst niemand. – Es schmerzt nicht, es kitzelt nur, wie ein Blutegel. – Auch ist Profit dabei, es erspart einen Aderlaß. – Mich dürstet – Wasser – bah! das tut mir noch nichts. Wasser her – hier will ich bleiben. *Fällt um.*

GERTRUD. Unseliger Mann! – Vater, Vater, zu Hilfe, er stirbt!

Dritter Akt.

Erste Szene.

Garten wie in der vorigen Szene.
Waldemar sitzt in einem Lehnstuhl und schläft. Hans still zu seinen Füßen, wehrt ihm mit einem
Zweig die Fliegen ab. Pause. Gertrud
kommt aus dem Hause.

HANS *geheimnisvoll.* Er schläft!

GERTRUD. Die frische Luft hat ihn müde gemacht. Geh, kleiner Wildfang, und tummle dich hinten im Garten, ich werde hier bleiben. *Hans leise ab, Gertrud sich über den Schlafenden beugend.* Wie still und fromm er aussieht – ein edles Angesicht, und die Haut so rein und weiß, meine Hand ist recht rot dagegen. Und welch feine Wäsche er trägt! – Er ist hier wie aus einer anderen Welt zu uns verschlagen. – Ah, er regt sich *Tritt hinter den Stuhl.*

WALDEMAR. Wo bist du, mein kleiner Hans? Ich fühlte deinen Kopf an meinem Knie.

GERTRUD. Hans ist fortgeflogen, die lustige Hummel. Aber es ist doch jemand hier.

WALDEMAR. Mein holder Arzt! *Will ihr die Hand reichen.*

GERTRUD. Still, bleiben Sie sitzen, ich vertrete Hansens Stelle, ich will Sie unterhalten, denn Sie dürfen nicht viel sprechen. – Sie schliefen recht fest.

WALDEMAR. Dafür halte ich mich jetzt für genesen. Jeder Windeshauch vermehrt meine Kraft, ich fühle die Wellen der Luft, sie kommen von euren Beeten und schlagen an mich, als säße ich im Bade, und aus jeder ziehe ich neues Leben. – Ich könnte laufen und springen, wie ein Gesunder.

GERTRUD. Nein, nein, noch nicht, Sie müssen den Arm nicht so heben *Ihn zum Sitzen zwingend.* Gehorsam, mein Patient!

WALDEMAR. Liebe Gertrud, wie soll ich Ihnen danken!

GERTRUD. Da ist nichts zu danken. Wir hätten dasselbe jedem tun müssen, der so zu uns gekommen wäre. Bei Ihnen aber verstand sich das vollends von selbst. Sie sind uns ja kein Fremder. Viel haben wir von Ihnen gesprochen, und so oft ich Sie sah, sagte ich zu mir: wenn er wüßte, wie sehr du dich um ihn kümmerst! – Und aus dem Hans suchte ich heraus, worin er seinem Vater ähnlich wäre; wenn er wild und unartig war, dachte ich: das hat er von seinem Vater. – Nun, Sie nehmen das nicht mehr übel. – Und wenn er recht kluge Fragen tat, dachte ich auch: das hat er von seinem Vater, der hat ein scharfes, glänzendes Auge. – So waren Sie uns nicht fremd, und jetzt ist mir so, als wären Sie ein alter Freund.

WALDEMAR. Bin ich das, Gertrud? Das las ich nicht aus Ihren Augen, als ich Sie das erste Mal sah.

GERTRUD. Weil ich böse auf Sie war. – Aber seit ich Sie auf dem Lager gesehen habe, die Augen geschlossen, das Angesicht schmerzlich verzogen, da merkte ich, wie Sie im Innern sind.

WALDEMAR. Und wie bin ich, liebe Wärterin?

GERTRUD. Sehen Sie, Sie sind gut und haben ein weiches Gefühl. Aber es ist Ihnen stets Ihr Wille geschehen, und da sind Sie ungeduldig geworden und haben sich gewöhnt zu befehlen, und nehmen keine Rücksicht auf andere.

WALDEMAR. Das ist wahr, Gertrud.

GERTRUD. Aber das Schlimmste kommt noch. Sie haben nicht nötig gehabt viel zu arbeiten, und da haben Sie tolle Streiche gemacht und haben so viel Vergnügen genossen, daß Ihnen nichts mehr ein rechtes Vergnügen macht. Und deshalb sind Sie spöttisch und lachen über alles; das ärgert mich am meisten.

WALDEMAR. Gertrud, Sie schmeicheln gar nicht.

GERTRUD. Nein, aber ich spreche die Wahrheit. Es gibt eine Fabel von einer lustigen faulen Grille und einer Feldmaus. Die Fabel paßt auf Sie. Wir kleinen Leute sind die Feldmäuse und Sie sind die Grille, tun den ganzen Sommer nichts, als mit den Flügeln schlagen und durch die Welt springen, aber wie wird's im Winter mit ihr stehen?

WALDEMAR. Nun, beim Styx, ich hätte nie gedacht, daß das Leben des Grafen Waldemar so durchsichtig wäre, daß jedes Auge hineinsehen könnte, und jede Zunge mich auswendig wüßte, wie einen Kinderreim.

GERTRUD. Geben Sie acht, da ist der spöttische Zug wieder, hinweg mit ihm! – Der Hans kennt die Fabel, er soll sie Ihnen vorsagen.

WALDEMAR *gutmütig*. Meinetwegen, wenn es Ihnen Freude macht, liebe Feldmaus, die Grille wird zuhören und sich die Lehre merken.

GERTRUD. Nun, Grillen mögen Sie wohl genug im Kopfe haben. – Ich freue mich herzlich.

WALDEMAR. Worüber?

GERTRUD. Daß Sie so freundlich sind. Mir ist fröhlich zu Mut, ich sehe jetzt klar in die ganze Welt. Sonst war ich oft traurig, wenn ich von den Großen der Erde hörte – es war fast immer Böses, was man sich erzählte – ich verstand nicht, wie sie so sein konnten. Jetzt ist mir, als säße ich auf einem geflügelten Pferd und schaute von der Höhe herab in aller Menschen Herz. Ich weiß jetzt, wie Sie sind, jetzt kann ich mir auch denken, wie die andern sein mögen.

WALDEMAR. Sie haben einen feinen und scharfen Blick und verstehen gut zu beobachten.

GERTRUD. Nein, ich weiß, ich bin unwissend und in vielen Dingen einfältig. Wer den ganzen Tag in der Wirtschaft arbeitet, kann nicht viel lernen oder lesen. Doch wenn es Ihnen lieb wäre, möcht' ich wohl mehr wissen.

WALDEMAR. Um alles nicht. So wie Sie sind, natürlich, klar und einfach, so müssen Sie bleiben. – Mädchen, ich wollte du stündest meinem Leben näher! – Wären Sie als meine Schwester geboren, manches wäre anders geworden.

GERTRUD. Ihre Schwester? – Das will ich sein, o wie gern! – Ich will's heimlich sein, ganz in der Stille. – Wenn Sie genesen sind, werden Sie doch manchmal kommen, den Hans zu sehen. Zu oft dürfen Sie nicht kommen, der Leute wegen, das könnte Gerede geben und mir schaden, und das werden Sie nicht wollen.

WALDEMAR. Nein, Gertrud.

GERTRUD. Aber von Zeit zu Zeit werden Sie kommen, und dann sollen Sie freundlichen Willkommen finden. Und Sie erzählen mir von der großen Welt, ich Ihnen von der kleinen. Sie plaudern auch mit dem Vater, er ist gut wie ein Engel, und ein verständiger Mann, der vieles weiß, und ich schaffe herzu, was Haus und Garten gibt.

WALDEMAR. Das ist ein hübscher Traum!

GERTRUD. Und warum ein Traum? Gute Freundschaft halten ist gar leicht und tut wohl. Ich werde mich auf die Tage freuen, wo mein stolzer Herr Bruder zu uns kommt.

WALDEMAR. Holdes Mädchen! *Sich zu ihr wendend.* Also, gute Freundschaft, liebe Schwester!

GERTRUD *sich ernst zurückbeugend*. Nicht den Mund küssen, das paßt nicht zwischen uns.

WALDEMAR. Sie haben recht.

GERTRUD. Aber Ihre Hand reichen Sie mir, die gesunde *Sie ihm schüttelnd*. Und so auf gute Freundschaft! Ich werde Ihnen eine bescheidene und treue Schwester sein.

WALDEMAR *ihre Hand haltend*. Und ich gelobe Ihnen an diese Hand, eine Schwester in Ihnen zu ehren, meiner eignen Torheit und wüsten Stunden gegenüber. Der Schwur wird dadurch nicht schlechter, weil es das erste Mal ist, daß ich ihn ablege.

Es klingelt.

GERTRUD. Still, man kommt! Das ist der Vater. *Öffnet die Gartentür.*

Hiller.

HILLER. Ei, Herr Graf, schon im Freien und so wohl auf?

WALDEMAR. Willkommen, mein lieber Wirt! – Wohin doch eine gute Behandlung und ein geringer Blutverlust den störrigsten, abgeschmacktesten Burschen bringen kann! Ich möchte mich an der Nase zupfen, denn ich zweifle, ob ich noch ich selbst bin. Lammfromm, Vater Hiller; sentimental, Vater, die Welt sieht mir rosa und goldgelb aus, und alle Menschen wie kleine liebenswürdige Posaunenengel auf einer Dorfkanzel, die Backen vorn und hinten gleich rund und gleich wohlwollend. Ich könnte Beeren suchen, Vater Hiller, und mit Kastanien spielen, wie ein Kind, ja ich könnte als Schmetterling in eure Blumen kriechen, um Tau zu trinken, und mich zum Schlaf in ein Rosenblatt wickeln, so leicht und körperlos fühle ich mich.

HILLER. Das ist die Genesung. Und sie freut mich herzlich. Zuerst und vor allem um Ihretwillen, lieber Herr Graf, dann auch unsertwegen. Jetzt dürfen wir bald wieder diese Tür öffnen.

WALDEMAR *leicht*. Was kümmert das die Welt, ob Ihr Eure Tür verschlossen haltet?

HILLER. Wir Nachbarn haben wenig Geheimnisse vor einander, die Türen sind geöffnet, die Fenster niedrig und die Zungen beweglich, so verläuft unser Leben; was ungewöhnlich ist, fällt auf.

GERTRUD. Ja, ja, das ist wahr, es wird Kopfzerbrechen machen.

WALDEMAR. Sind die Leute hier herum denn so neugierig?

GERTRUD. Wie die Rotkehlchen und ebenso geschwätzig. Manchmal wird's lästig, aber die Meinung ist doch gut.

HILLER. Jetzt aber handelt sich's um mehr, als Geschwätz. Seit drei Tagen halten wir uns zurück und die Tür ist fast immer verschlossen. Das erregt Verdacht, als ob wir Böses täten, und den Verdacht müssen wir vermeiden. – *Freundlich*. Sie haben uns gesagt, lieber Herr Graf, wir sollten Sie und Ihre Verwendung verbergen, weil für Sie und andere großes Unglück entstehen könnte, wenn die Sache bekannt würde.

GERTRUD *zupft ihn hinter Waldemar Rücken am Ärmel und redet leise und eifrig in ihn hinein*.

WALDEMAR. So ist es auch, Vater Hiller, arges Unglück kann daraus entstehen. – *Beiseite*. Ihr Götter meines Lebens, verzeiht mir die kleine Lüge! Der Frieden und die Heimlichkeit dieses Kreises waren zu wohltuend und zu verführerisch; das ist doch endlich einmal ein Abenteuer; und meine Freunde brauchen auch nicht zu erfahren, daß man mich mit Holz und Eisen bearbeitet hat.

GERTRUD. Und so siehst du ein, daß der Herr Graf noch hier bleiben muß.

WALDEMAR. Wie, Vater, bin ich Ihnen so zur Last, daß Sie mich fortschaffen wollen?

HILLER. Wie mögen Sie das glauben? – Es war nur – ich dachte an Gertrud.

GERTRUD *eifrig*. Um meinetwillen sollen Sie keine Stunde früher fort. Vater sorgte nur, es könnte geschwatzt werden über unsere Heimlichkeit und Ihre Gegenwart, und das würde mir schaden. – Darauf dürfen wir keine Rücksicht nehmen. Sie haben uns gesagt, daß es verhängnisvoll sein könne für Sie und andere, wenn Sie nach Hause zurückkehrten als ein Verwundeter. Wir wissen nicht, warum das so ist, und wir wollen's auch nicht wissen. Sie haben es gesagt, das ist uns genug, denn Sie sind nicht der Mann, der seinen Freunden eine Unwahrheit einreden kann. Und deshalb werden Sie hübsch bei uns bleiben, bis Sie völlig geheilt sind.

WALDEMAR *beiseite*. Dies Mädchen sticht mich mit ihrer Ehrlichkeit wie mit Nadeln. – Wohl, meine Freunde, ich bin beinahe hergestellt, und heut Abend, sobald es finster geworden, breche ich auf.

GERTRUD. Wenn Sie stark sind, sonst nicht.

WALDEMAR. Bis dahin aber will ich mich an euch erfreuen. Sie, Vater Hiller, sollen mir von Ihrem Leben und Gertruds Kinderjahren erzählen.

GERTRUD. Aber in der Stube; schon so lange waren Sie im Freien, es wird am Ende auch des Guten zu viel. Kommen Sie, mein gnädiger Herr, führe Sie, das ist mein Recht.

Alle ab.
Box, darauf Georgine.

BOX *den Kopf zur angelehnten Tür hereinsteckend.* Die Luft ist rein. Gefällt es Ew. Erlaucht einzutreten, hier ist der Ort.

GEORGINE *eintretend.* Vermeiden Sie meinen Namen zu nennen. – *Sich erschrocken umsehend.* Hier?! – – *Den Schleier zusammennehmend.* Bevor ich Ihnen weiter folge, eine Bemerkung. Als ich Sie rufen ließ und um Auskunft über das plötzliche Verschwinden Ihres Herrn ersuchte, versicherten Sie lebhaft, dem Herrn Grafen treu ergeben zu sein. Ich frage Sie jetzt, wie schwer wiegt Ihre Treue?

BOX *die Hand aufs Herz legend.* Sehr schwer.

GEORGINE *ihm eine Börse reichend.* Wird das hinreichen, Ihre Treue aufzuwiegen?

BOX *wägend.* Nein, gnädigste Frau, die Börse ist sehr schwer, aber sie wiegt meine Treue nicht auf. – Dennoch werde ich mir die Ehre geben, diese Börse zu bewahren, denn ich diene meinem Herrn und auch mir selbst, wenn ich in Ihrem Interesse handle.

GEORGINE. Genug. Warum ließen Sie meinen Wagen bei diesem Hause halten?

BOX *wichtig.* Mein Herr ist hier.

GEORGINE. Hier?!

BOX. Wenigstens werden wir hier erfahren, wo er ist. Und da die gnädige Frau so dringend wünschten, ihn zu sehen, hier können Sie ihn finden.

GEORGINE. Woher wissen Sie das?

BOX. Mit Ew. Erlaucht Genehmigung liegt die Sache so: Am Morgen nach jener Nacht, in welcher mein Herr ausgeblieben war, gibt ein Betteljunge diesen Brief an mich ab. – *Liest.* Box, du Schuft, ich habe getrunken und reise mit einer Tänzerin acht Tage aufs Land. – Der Zettel ist mit zitternder Hand geschrieben, aber er ist echt, er ist von meinem Herrn, das schließe ich aus der vertraulichen Anrede: Box, du Schuft, das ist ganz sein wohlwollender Ton. – Gut, ich gehorche diesem Zettel, und die ganze Residenz glaubt, daß mein Herr in Geschäften verreist ist. – Aber ich selbst weiß, daß es eine Schelmerei ist. Nämlich erstens kann er mit keiner Tänzerin verreist sein, denn das Ballett ist vollzählig, es fehlt niemand, und dann, gnädigste Frau, ist mein Herr viel zu gebildet und rücksichtsvoll, um mit einer Tänzerin auf acht Tage zu verreisen, auf einige Stunden allenfalls, aber auf acht Tage, pfui, da verleumdet er sich selbst, so lange hält er's gar nicht mehr aus.

GEORGINE. Weiter, weiter.

BOX. Die größte Unwahrheit aber ist die, daß er sich betrunken nennt. *Stolz.* Mein Herr und berauscht? Nein, gnädige Frau, Graf Waldemar trinkt, aber er kann sich nicht betrinken.

GEORGINE. Enden Sie, mein Herr.

BOX. Der Zettel soll mich täuschen, folglich ist der Herr Graf nicht verreist, sondern hat sich irgendwo versteckt. Das traue ich ihm zu. – Ich weiß aber, daß er für das Mädchen, welches hier wohnt, ein sehr bedenkliches Interesse gefaßt hat.

GEORGINE. Ha, meine Ahnung.

BOX. Ja, gnädigste Frau, es ist eine traurige Ahnung, aber es ist leider so. Denn hier hat ihn meine Mutter gesehen an demselben Abend, wo Ew. Erlaucht ihn erwarteten, und seit dem Abend ist die Tür dieses Hauses fast immer geschlossen. Und deshalb ist er ganz sicher hier. Denn da er niemals für mehr als zwei Damen schwärmt, so schließe ich: *Respektvoll.* wenn er nicht bei der einen ist, so muß er doch wohl bei der andern sein.

GEORGINE. Sehen Sie zu, suchen Sie ihn auf, ich erwarte Sie hier.

BOX. Offenbar steckt er im Hause, ich will mich von außen um die Fenster schleichen. *Ab.*

GEORGINE. Wenn er mich vergessen, mich verraten hat, hier verraten hat? – Meine Kammerfrau schwört mit Tränen, daß sie ihn an jenem Abend vergebens erwartete. Und ich selbst habe ihn hergeschickt, nach dem Kinde, ich selbst! Mein Kopf schwindelt, wenn ich daran denke. – Es ist unmöglich, so raffiniert quält selbst die Hölle nicht.

Box kommt langsam und nachdenklich zurück.

Ist er bei ihr?

BOX *schwermütig.* Er ist bei ihr. O mein Graf, Sie machen uns viel Kummer. Die ganze Familie sitzt beisammen und er ganz fröhlich darunter, als ob er dazu gehöre.

GEORGINE. Ich weiß genug. – *An der Tür.* Sobald Ihr Dienst es erlaubt, erwarte ich Sie in meiner Wohnung. *Ab.*

BOX *sich tief verbeugend und ihr nachsehend.* Ist die eifersüchtig, wie ein Bologneser! Sie läuft fort und läßt mich allein mit meinem Schmerz. O, mein Herr Graf, Sie handeln nicht schön an Ihren Freunden. – Ich bin gern rechtschaffen, wenn ich irgend kann, und ich dachte immer, ich würde das noch einmal durchsetzen, und dazu hätte mir das Mädchen dort helfen können, und meiner guten alten Mutter wäre ihr sehnlichster Wunsch erfüllt worden. Und jetzt kommt der reiche Mann und stiehlt mir mein einziges Lamm. Pfui, Herr Graf, das ist ein Schelmenstreich! – Aber wie? er trug den Arm in einer Binde, ich sah's durch die Scheiben; und die Familie ist auch honett und hält auf Ordnung, – es ist noch ein Geheimnis bei der Sache, vielleicht ist noch nicht alles verloren. Ich gehe zu meiner Mutter, die soll Nachricht einziehen. Er muß hinweg von hier, so diene ich am besten ihm, der Fürstin und, was die Hauptsache ist, mir selbst. – Horch, Geräusch, schnell fort! *Ab.*

Bezirksvorsteher, hinter ihm Volk.

BEZIRKSVORSTEHER. Zurück, liebe Leute, hier ist keine Landstraße. *Versucht die Haustür, klopft.*

Hiller aus dem Hause.

Seit wann verschließt Ihr die Tür vor Euren alten Freunden?

HILLER. Ei, Herr Vorsteher, ich freue mich Ihres Besuchs. Was führt Sie zu uns? – Das mit der Tür tut mir leid, nehmen Sie an, es sei ein Versehen.

BEZIRKSVORSTEHER. Ein Versehen, Hiller? Seit drei Tagen ist Eure Tür für jedermann verschlossen.

HILLER. Vielleicht auch hat's seinen guten Grund.

Gertrud.

GERTRUD. Was geht hier vor? Wie? die Nachbarn alle? Guten Tag, Herr Vorsteher! –

BEZIRKSVORSTEHER. Guten Tag, Gertrud, wie geht's?

GERTRUD. Was haben Sie? sonst gaben Sie Ihrer Pate die Hand.

BEZIRKSVORSTEHER. Nachher, liebes Kind, jetzt führt mich mein Amt her. Meister Hiller, seit einigen Tagen geht das Gerücht, es sei ein Mann in unserer Vorstadt überfallen und beraubt worden. Man hat Blutspuren gefunden.

GERTRUD. O weh!

BEZIRKSVORSTEHER. Und der Wächter behauptet, in derselben Nacht sei ein verdächtiger Mann zu Euch geflüchtet und aus Eurem Haus nicht wieder herausgekommen. Alles übrige ist nur Geschwätz, und ich will nichts weiter, als bei Euch, redlicher Freund, anfragen, was Ihr etwa von der Sache wißt, es ist nur, um die Leute zu beruhigen.

HILLER. Weiß ich doch kaum, wie ich Euch antworten soll. Daß ich und meine Tochter kein Unrecht getan haben, dessen seid Ihr, hoffe ich, sicher.

BEZIRKSVORSTEHER. Davon ist ja auch nicht die Rede.

HILLER. Was ich etwa weiß, darf ich Euch nicht bergen, da Ihr von Amts wegen fragt, und doch habe ich schon einem andern Schweigen gelobt.

BEZIRKSVORSTEHER. So ist doch etwas an der Sache.

GERTRUD. Ja, aber anders als Sie denken. Und Sie sollen alles wissen, nur daß wir es nicht selbst sagen dürfen, sondern ein anderer. Und deshalb bitte ich Euch, Freunde, laßt mich die

Tür schließen. O seht mich nicht so vorwurfsvoll an – Nachbar – Bose – Ihr kennt uns ja – es ist ein Stückchen Geheimnis, aber nichts Böses. *Volk tritt zurück, Hiller schließt die Tür.*

BEZIRKSVORSTEHER *gutmütig.* Jetzt habt ihr mich eingesperrt, jetzt heraus mit eurem Geheimnis.

Waldemar.

GERTRUD *die hineingegangen, führt Waldemar heraus.* Hier, Herr Pate, ist der Mann, der zu uns kam; seht zu, ob Ihr ein Unrecht an ihm findet.

BEZIRKSVORSTEHER. Wie? Was? Der Herr Graf Schenk? *Grüßend.* Sie waren der Mann, der bei Nacht hier hereinkam?

WALDEMAR. Ich war's. Ich wurde ganz in der Nähe dieses Hauses durch einen meiner Freunde, den ein unseliges Mißverständnis in eine Art Raserei versetzt hatte, halb aus Versehen, halb mit Absicht in diese Hand und Seite verwundet; hier fand ich Aufnahme und gütige Pflege. Da ich annehme, daß Sie als Beamter fragen, war ich Ihnen diese Auskunft schuldig; Sie werden mich verbinden, wenn Sie dieselbe als Geheimnis bewahren.

BEZIRKSVORSTEHER. Hm! obgleich ich noch nicht alles verstehe, so sehe ich doch keinen Grund, an Ihren Worten zu zweifeln, Herr Graf, und so habe ich von Amts wegen hier nichts mehr zu tun. Und was ich Ihnen jetzt sagen möchte, Herr Graf, spreche ich nur als einfacher Bürger und als ein Freund dieses ehrlichen Mannes und dieses Mädchens, welches bis jetzt für sittsam und brav gegolten hat.

HILLER. Bis jetzt?

WALDEMAR. Sprechen Sie, mein Herr, ich werde mich mühen, Ihre Bemerkungen mit geziemender Ehrerbietung anzuhören.

BEZIRKSVORSTEHER. Als Sie die Gutherzigkeit dieser Leute benützten, um sich hier einige Tage als Kranker aufzuhalten, da dachten Sie wohl nicht daran, daß Ihre Anwesenheit und die Bekanntschaft mit Ihnen das Mädchen in ein schlechtes Licht setzen könnte?

GERTRUD. O mein Gott!

WALDEMAR. Ich bekenne Ihnen mit Beschämung, bis jetzt noch nicht gewußt zu haben, daß die Bekanntschaft mit meiner unwürdigen Person solch schnelles Verderben der bürgerlichen Ehre herbei führt; ich würde sonst Sie selbst in Ihrem eigenen Interesse ersucht haben, sich so schleunig als möglich von hier zu entfernen.

GERTRUD. O, nicht so, Herr Graf, zürnen Sie ihm nicht, er meint es gut in seiner Weise und ist ein würdiger respektabler Mann.

BEZIRKSVORSTEHER. Ich sehe, wie es hier steht, und daß ich übrig bin. – Euch, Freund Hiller, gebe ich den guten Rat, haltet Euer Haus so rein von Unkraut als Eure Beete, und du, Gertrud, meine liebe Samariterin, heile du nicht alle blutigen Köpfe, die sich die lustigen Herren schlagen; mancher Arzt hat sich ein Leiden geholt, wo er andern geholfen hat. *Ab.*

HILLER. Da geht er, und mit ihm die gute Meinung unserer Freunde.

GERTRUD *zu Waldemar.* O, sehn Sie nicht finster, Herr Graf, lassen Sie keine bittere Stimmung in die letzten Stunden kommen, die Sie bei uns verleben. Herzlich bedauern wir, daß Sie um unsertwillen das hören mußten. Und ich wiederhole Ihnen, wir sind doch glücklich, Ihnen den kleinen Dienst erwiesen zu haben, und wir möchten die Erinnerung daran nicht missen.

HILLER. Sie hat recht wie immer. Ich bitte um die Erlaubnis, Ihre Hand schütteln zu dürfen. So, jetzt ist mir leichter.

WALDEMAR. Gertrud! – Wenn ich unzufrieden bin, so muß ich es mehr mit mir selbst, als mit irgend einem andern sein. – Was jener ehrliche Mann sagte, verbietet mir, länger zu bleiben. Nur noch einige Worte über den Knaben mit Ihnen, lieber Hiller – und dann trennen wir uns. *Ab mit Hiller ins Haus.*

GERTRUD *allein.* Sonst, wenn ein müßiges Schwatzen mein Ohr traf, hat es mir sehr weh getan, und langsam nur habe ich's verwunden. Und jetzt achte ich's kaum – und doch ist mein Herz so schwer, so schwer, und ich könnte weinen. – Er geht von uns – ob er wiederkehren wird?

FRAU BOX. Ach, Sie armes, unglückseliges Kind, mußte es dahin mit Ihnen kommen!

GERTRUD. Was soll die Klage, was schluchzen Sie, gute Frau?

FRAU BOX. Daß ich arme, alte Frau auch das noch erleben mußte! – An keinem Menschen habe ich so sehr gehangen, als an Ihnen, mehr als an unserm Pfarrer, und manchmal mehr als an meinem eignen Sohn. – Wenn ich die Lilien auf dem Beete sah, dachte ich: ihr bläht euch in eurer Unschuld und Herrlichkeit, aber ich weiß jemanden in meiner Freundschaft, der noch reiner und glänzender ist, als ihr; und das ist meine Gertrud! Und jetzt – o daß ich leben mußte, das zu sehen!

GERTRUD *stolz.* Sprechen Sie, Frau Box, was meinen Sie mit Ihrer Rede?

FRAU BOX. Ich muß dich warnen, Kind meiner Seele, vielleicht ist es noch nicht zu spät, vielleicht bist du noch nicht ganz in den Stricken des Verführers.

GERTRUD. Des Verführers?

FRAU BOX. Ja, hören Sie mich, mein armes Kind, ich weiß alles. Er ist hier, der gewissenlose, schändliche Herr meines Karls.

GERTRUD. Warum schmähen Sie ihn? – Er ist hier. Wissen Sie aber, wie er herkam?

FRAU BOX. Er hatte eine Wunde, das weiß ich.

GERTRUD. Halb tot war er, bleich und blutig, es war ein jammervoller Anblick. Wir haben getan, was Menschenpflicht war. Was scheltet Ihr uns darum?

FRAU BOX. Armes, betörtes Geschöpf! Weißt du auch, wo sie ihn so zugerichtet haben? Zu seiner Liebsten wollte er gleichen, zu einer fremden Dame, die auch nicht besser sein mag, als er; – und der ihm auflauerte, war gewiß ein Nebenbuhler, ein eifersüchtiger Galan war's.

GERTRUD *laut schreiend.* Ha, du tust mir weh! – Und wenn es so war – und wenn er bei seiner Geliebten verwundet wurde – was tut das? Nichts, gar nichts – wenn er zu uns kam, wir mußten ihn aufnehmen.

FRAU BOX. Aufnehmen, ja. Aber du hast ihn versteckt, wie man ein Unrecht versteckt, du unseliges Mädchen.

GERTRUD. Weil es gefährlich war für ihn und tödlich für andere, wenn seine Verwundung ruchbar wurde. Die Obrigkeit wäre gekommen, seine Leute hätten ihn verraten, er hätte seinen Feind angeben müssen, er hätte sich mit ihm duelliert, – o Gott, ich weiß nicht weiter, mir schwindelt.

FRAU BOX. Ja, ja, der Satan ist schlau. Hat er das gesagt, der feine, listige Graf, so sage ich, Katharina Box, ich sage dir dagegen: er hat gelogen! wie ein Schelm hat er gelogen, und ich kann dir's beweisen.

GERTRUD. Er lügt nicht, du aber sprichst Lügen, und ich entsetze mich vor deinen Worten.

FRAU BOX. Gertrud, Gertrud, das ist deine Krankheit, die aus dir spricht. Ich kenne dich, seit du im Kindermützchen liefst mit den blauen Bändern, und du kennst mich; bin ich unwahr? Bin ich ein verlogenes Ungetüm, das da läuft und Unfrieden säet zwischen Herd und Bett? – Nun aber, hältst du mich für ehrlich, so laß mich beweisen, was ich sage. Ich kenne das Leben dieses Herrn. – Wer ist sein Kammerdiener, wer sorgt für ihn und pflegt ihn und ist allein um ihn? Mein Sohn ist's, und der ist verschwiegen wie das Grab. Wenn's darauf ankam, daß niemand seine Krankheit wissen sollte, so hätte mein Karl wohl gesagt: er ist vom Pferde gefallen, oder er hat sich Schaden getan, oder so etwas; und dem Arzt gibt er Geld, daß er still ist. Meinst du, er wüßte nicht Schweigen zu erkaufen, wo er's braucht?

GERTRUD. Siehst du, wie du dir selbst widersprichst! Wenn es nicht notwendig war, daß er sich verbarg, weshalb wäre er dann hier geblieben, drei Tage ohne seinen Arzt, seine Diener, ohne sein Lager und sein schönes Haus?

FRAU BOX. Das ist ja seine Verruchtheit. Du fragst, was er hier wollte? Dich wollte er, du arme Taube, dich wollte er betören und zerreißen, wie ein Geier.

GERTRUD. Mich?

FRAU BOX. Du warst bei ihm. Was du bei ihm gewollt hast, weiß Gott allein. Als du weggingst, sagte er meinem Sohn: Die merke dir, die will ich haben, zu der sollst du mir helfen.

GERTRUD *schauert zusammen.*

FRAU BOX. Und jetzt frage dich selbst, wie war er zu dir, hat er nicht süße Worte gebraucht und artig getan und dich an sich ziehen wollen?

GERTRUD. Mir graut vor dir, mir graut vor mir selbst.

FRAU BOX. O nein, vor ihm entsetze dich, denn er ist gezeichnet.

GERTRUD. Wer bist du, Weib, daß du mich marterst und mir das Herz blutig drückst? – Du lügst, du lügst, es kann nicht sein, es ist nicht so.

FRAU BOX. So ist es, darauf will ich den Tod erleiden.

GERTRUD. Es wäre entsetzlich! – Er kam her wankend, erschrocken, ein wunder Mann, er dachte an nichts, als an Rettung und Tod.

FRAU BOX. Er kam her, weil es ihm nahe und bequem war, er blieb hier, weil er dich gewinnen wollte, und deshalb hat er dich belogen.

GERTRUD. Ich trinke Gift. – Es war gütig und freundlich gegen mich, aber er war wie ein Bruder.

FRAU BOX. Ja, wie ein Bruder! – Den ersten Kuß wie ein Bruder und den letzten wie ein Teufel!

GERTRUD. Ha! – – Es ist genug, ich danke Ihnen für alles Gute – ich bitte, lassen Sie mich allein.

FRAU BOX. Armes, armes Kind! Der Himmel helfe dir und schenke dir Frieden!

GERTRUD. Amen! – *Pause, Gertrud steht lange unbeweglich.*

Waldemar. Hiller.

WALDEMAR *auf der Schwelle zu Hiller.* Ich kam als Flüchtling und flüchtig scheide ich wieder; die Erinnerung aber an diese Tage wird fest in mir wurzeln.

GERTRUD *tonlos.* Treten Sie näher, Herr Graf. Vier Tage sind es, daß wir Sie kennen. In dieser Zeit haben wir Ihnen keine Veranlassung gegeben, niedrig von uns zu denken.

WALDEMAR. Welche Sprache und welche Frage!

GERTRUD. Wir haben Sie ärmlich aufgenommen, aber Sie haben drei Tage so gelebt, wie wir selbst. – Sagen Sie mir nichts Artiges, wir wissen, daß wir freundlich gegen Sie gewesen sind. Wollen Sie dafür dankbar sein, so seien Sie es jetzt und antworten Sie mir so offen, als ob Sie nie eine Lüge geredet hätten.

WALDEMAR. Sprich, schöne Vestale, ich werde antworten.

GERTRUD. Weshalb weilten Sie drei Tage unter diesem Dach? Weshalb verbargen Sie sich zwischen unsern Wänden? – War es, wie Sie uns sagten, war es Furcht vor Gefahr, eigener oder fremder, oder war es auch nur Sorge um üble Nachrede und Kränkung, die Sie oder Ihre Freunde betroffen hätte, war es nur das, so sagen Sie mir ein Ja, nichts als ein Ja, und scheiden Sie friedlich über diese Schwelle, als ein Gast, dessen wir in Freude und Leid noch lange gedenken werden. – Sprechen Sie, Herr Graf. –

WALDEMAR *nachdenkend.* Ich könnte noch jetzt ein Ja sagen, aber ich will selbst dieser unbegreiflichen Stimmung gegenüber nicht länger täuschen. Ich blieb hier, weil es mich sehr fest hielt in diesen Räumen, und wenn ich mich ehrlich frage, so blieb ich Ihretwegen hier, Gertrud, weil mich ein starkes Interesse zu Ihnen zog.

GERTRUD. Du hörst es, mein Vater, er hat uns belogen! Eigennützig, rücksichtslos hat er unser Vertrauen getäuscht, für eine Laune, eine edle Laune hat er unsern ehrlichen Namen der Verleumdung vorgeworfen, sein Anblick bringt Unheil, sein Lachen wird ein Fluch! Komm, Vater, hinweg, hinweg von ihm! *Stützt sich auf Hiller, schwach.* Gehen Sie, Herr Graf, gehen Sie, möge Ihr Leben glücklicher sein, als Sie um uns verdient.

Sinkt erschöpft zusammen.

HILLER. Mein armes Kind!
WALDEMAR *der unbeweglich gestanden.* Lebt wohl! *Wendet sich schnell zum Abgang.*

Vierter Akt.

Erste Szene.

*Einfache Bürgerstube. Eine Uhr, eine Bank, zwei Tische mit Holzstühlen. Es brennt Licht.
Gertrud am Tische links, das Haupt auf die Hand gestützt. Hiller rechts schnitzelnd, von Zeit zu Zeit
sie betrachtend. Pause.*

HILLER. Nun, meine Tochter? woran denkst du?

GERTRUD. Sagtest du was, Vater?

HILLER. Ja, mein Kind. Ich frug nur, ob die Kränze abgeholt sind.

GERTRUD. Schon vor Abend, Vater.

HILLER. So? das ist mir lieb, das ist mir recht lieb. – Hast du heut vielleicht Nachbars
Röschen gesprochen?

GERTRUD. Nein, Vater, du weißt, Röschen kommt nicht mehr zu uns.

HILLER. So? dann läßt sie's bleiben. – Aber woran ich dachte, Gertrud. Unser Haus wird
baufällig, es hat wieder eingeregnet, die Balken sind schadhaft, das ist gewiß – und dann dachte
ich an den Garten, er ist doch sehr klein, Gertrud.

GERTRUD. Wir waren sehr glücklich hier.

HILLER. Hm! – Der Garten ist doch zu klein, und du weißt, hinten an der Grenze ist er
naß und die Pflanzen verderben.

GERTRUD *aufstehend.* Vater, warum sprichst du nicht aus, woran du denkst? Du willst fort
von hier.

HILLER. Jetzt ist's heraus, ich hatte nicht den Mut, dir's zu sagen.

GERTRUD. O, daß es so weit kommen mußte! Du suchst eine fremde Stätte für dein ehr-
würdiges Haupt. Vater, du bist sehr festgewurzelt in diesem Garten, lösest du dich los von hier,
so reißest du an deinem Leben.

HILLER. Vieles steht dort draußen, woran mein Herz hängt; hier aber steht eine Blüte, die
mir mehr wert ist, als alles, und ich fürchte, die wird mir nur genesen in fremder Luft.

GERTRUD. Vater! laß uns überlegen, ob es nötig ist. Sollen wir unsere Heimat aufgeben,
weil man uns verleumdet und alte Freunde unsere Tür meiden? Sieh, Vater, ich trage mein
Haupt so hoch, wie jemals, und wenn wir fliehen, sind wir feige.

HILLER. Und doch ist deine Wange verblichen, und ich habe gehört, du, Gertrud, mein
starkes, mutiges Kind, du hast geweint in deiner Kammer.

GERTRUD. Und habe ich's getan, so habe ich getrauert über mich selbst und über die
Stunde, wo ich einem fluchte, der aus unserer Tür schritt. Das war ein großes Unrecht, Vater,
und das liegt schwer auf meiner Seele.

HILLER. O gebe Gott, daß seine Rechnung dereinst nicht schlechter stehe, als die deine!

GERTRUD. Wir hören nichts von ihm, wie es ihm gehen mag, er war noch nicht genesen,
als ich ihn forttrieb.

HILLER. Denke nicht an ihn; wie ein dunkler Schatten ist er durch diese Stube gegangen.
Es hängt seit dem Tage über uns, wie ein Gewitter, und mir ist bange und schwül zu Mut.

GERTRUD. Ich will von jetzt an heiter sein, Vater; auch du hilf dazu, dich zu zerstreuen.

HILLER. Der Schreiner drüben hat mir ein Gebot getan für Haus und Garten; noch ist er
wach, ich spreche noch heut bei ihm vor.

GERTRUD. Du eilest sehr, Vater.

HILLER. Nun, ich gehe nur darüber schwatzen, das bindet noch nicht. – Und du fragst, warum ich eile, da ich doch sonst so bedenklich bin! – Weil wir hier sind wie drei müde Vögel über
der großen See, wir haben in keinem Menschenherzen so viel Land, daß wir uns darauf ausruhen
können und bergen vor dem Ungewitter. Hüte das Haus, Gertrud, bald bin ich zurück. *Ab.*

GERTRUD *allein*. Du guter Vater! Mir verbirgt er, wie viel ihn der Entschluß kostet. Ja, er hat recht, es hängt über uns, wie eine verderbliche Wolke. Nicht weiß ich, was uns droht, aber meine Seele ahnet Schlimmes und Trauriges. Es möge kommen, mich findet es ergeben.

Georgine in Kapuchon und Hülle.

GERTRUD. Eine Fremde!

GEORGINE *bis in die Mitte des Zimmers tretend*. Gertrud Hiller, kennst du mich?

GERTRUD. Nein.

GEORGINE. Sieh mir ins Gesicht, du hast diesen Mund geküßt, und deine Hand lag auf meiner Stirn, da sie heißer war als jetzt.

GERTRUD. Das Antlitz ist mir fremd, ich kenne Sie nicht.

GEORGINE *den Kapuchon von dem bürgerlich gescheitelten Haare zurückwerfend*. Die Zeit hat mich verändert, Gertrud Hiller, und sieben Jahre sind eine lange Zeit für Mädchenfreund-schaft; – kennst du mich jetzt?

GERTRUD *schreiend*. Luise!

GEORGINE. Luise Peters, jetzt nennen sie mich Fürstin Udaschkin.

GERTRUD. Ha!

GEORGINE. Du stehst erschrocken, Mund und Hand weigern mir den Gruß. – Du hast noch nicht lügen gelernt, Gertrud!

GERTRUD. Luise! – Ws höhnst du mich, daß ich dich nicht begrüße? Stehst doch auch du unbeweglich vor mir, bleich und kalt, und aus deinem Auge starrt der Schrecken wie aus meinem.

GEORGINE. So feiern wir das Wiedersehen, wir entsetzen uns voreinander, wie zwei unse-lige Geister, verdammt, um ein verlorenes Leben zu trauern.

GERTRUD. So ist es nicht, Frau Fürstin, ich war erschrocken, weil Ihr Name mich an vieles erinnerte, Gutes und Böses, was an ihm hängt. Ich dachte an unsere Jugend, – ich dachte an Ihren Sohn. Hier nebenan ist sein Lager, wir haben ihn gehalten wie das Vermächtnis einer Gestorbenen. *Bewegung, die Tür zu öffnen.*

GEORGINE *leidenschaftlich*. Mein Sohn! – *Zurücktretend*. Schweig von dem Knaben, ich will ihn nicht sehen, jetzt nicht. Er kennt dich, nicht mich, du hast den ganzen Schatz seiner kind-lichen Liebe für dich genommen, ich bin ihm nichts als eine Fremde.

GERTRUD. Und wenn es so ist, Sie haben es so gewollt.

GEORGINE. Ich habe es so gewollt. Und doch hat es schon damals Stunden gegeben, Mäd-chen, wo ich dich gehaßt habe, tief, tödlich, weil du meinen Sohn an dein Herz drücktest; ja ich habe gebetet und geflucht, daß er lieber scheiden möge von dieser Erde, als an dem Hals einer Fremden hängen.

GERTRUD. Schweig, Unselige!

GEORGINE. O, ich weiß, es war Unrecht, und fußfällig habe ich dir's wieder abgebeten. Denn ich liebte dich, Gertrud, und wenn ich mit den Erinnerungen aus einer elenden und schmachvollen Vergangenheit rang, so war es dein Bild, das mir hell, friedlich, versöhnend durch das nächtliche Grauen glänzte; du allein hattest mir kein Leid angetan, nur Gutes; als mich alle verrieten und flohen, da saßest du, fast noch ein Kind, an meinem Strohlager, du küßtest meine Stirn, und wenn ich verzweifelnd die Hände ballte gegen mein Schicksal, du drücktest mir die Finger ineinander und verwandeltest den Fluch auf meiner Zunge in eine leise Bitte.

GERTRUD *die Hand nach ihr ausstreckend*. Luise, arme Luise! –

GEORGINE *sie umarmend*. Seit sieben Jahren der erste Ton, der mir zwei Quellen öffnet, die versiegt waren in der Sandwüste meines Lebens. – O streiche mir die Haare, wie du sonst tatest, schmeichle mir mit den alten Liebesnamen, laß mich vergessen, was ich bin und was ich war, alles, alles vergessen außer dir.

GERTRUD *sie liebkosend.* Liebe Luise, du wilder Kanarienvogel, du bist geblieben, wie du warst, und deine Laune wechselt noch immer so schnell wie die Farbe der Wolken. – Doch nein, ganz so bist du nicht, größer, schöner, voller bist du geworden.

GEORGINE. Meinst du? – Sieh, das kleine Mal hier am Ohr hab' ich noch, das hat sich erhalten, und auch die Narbe an den Schläfen, jetzt sieht man sie nicht, denn ich trage sonst Locken. – Ach, hier ist alles unverändert, die Uhr, der Stuhl, die Bücher liegen noch auf demselben Tisch, und die Brille des guten alten Herrn. – Komm, Gertrud, auf dieser Bank, wo wir als Mädchen zusammen saßen im Mondenschein, hier laß uns sitzen und plaudern wie ehemals. – *Düster.* Nein, nicht wie sonst, denn diese Stunde ist finster und trägt auf ihrem Flügel ein Verhängnis für uns beide. – – *Wild.* Und doch sollst du bei mir sitzen, Gertrud, und ich werde dir etwas in dein Ohr raunen. – Und was ich zu sagen habe, braucht kein Licht, der Mond scheint hell genug zu meinen Worten; wenn meine Wangen erglühen, du sollst es nicht sehen. Verlösch' das Licht!

GERTRUD. Ich setze den Schirm vor, jetzt erzähle.

GEORGINE *traurig lächelnd.* Auch du bist geblieben, wie du warst. – Rücke näher zu mir, ich erzähle mein Leben. – Weit, weit von hier am Strand eines kalten Meeres bin ich geboren, meine Mutter kam mit dem fünfzehnjährigen Mädchen hierher und starb, ich sang damals lustige Lieder und hatte nichts zu essen. Da brachte mich ein Musiker zur Oper – an einem Abend stand ich mit rotgemalten Wangen unter dreißig andern Mädchen – da sah er mich an, und ich gefiel ihm – zuckst du zusammen? halte aus, Täubchen. – Was darauf folgte, weißt du.

GERTRUD. Ich weiß es.

GEORGINE. Ich wurde euch zur Last; meine Stimme hatte ich verloren, was verstand ich von eurer Arbeit? Ich dachte daran, mich zu ersäufen und das Kind mit, dort unten im Strom, wo sie die jungen Katzen hinauswerfen. – Da fand mich ein alter Herr, ein fremder Fürst, und nahm mich mit sich nach Paris. Das Kind ließ ich euch. – In der Fremde lernte ich vieles, auch Liebe heucheln; der Fürst war ein alter Herr und ich war spröde. Nachdem ich ihn fünf Jahre gequält hatte, zwang ich ihn, mich zu heiraten. – Er starb an der Gicht, und ich war reich, man nannte mich Erlaucht. – Ist das nicht eine wunderliche Geschichte?

GERTRUD *aufstehend.* Mir ist, als säße ich neben einer Natter.

GEORGINE. Ziere dich nicht, du schöne Tugend, noch bin ich nicht zu Ende, und du, du sollst auch an die Reihe kommen. – Und überall, immer, immer dachte ich an ihn, den einen, den wir beide kennen; sobald ich frei wurde, zog es mich hierher zurück, in seine Nähe. War es Haß, war es Liebe, ich weiß es nicht, aber mein Wille stand fest, er muß mein werden, er muß sühnen, was er an mir verbrochen hat, er muß, er muß, und sollte ich ihn dabei erwürgen mit meinen Händen.

GERTRUD. Rasende Törin!

GEORGINE. Bin ich eine Törin? Ich war doch klug genug. Ich kam hierher zurück, und er kannte mich nicht. Auch er kannte die Lippen nicht wieder, die er geküßt hatte. Ich lockte ihn an mich, ich wurde seine Freundin. Und da, Gertrud Hiller, als er in meine Arme eilen wollte, da hast du, du hast ihn mir gestohlen.

GERTRUD. Ha!

GEORGINE. Er hätte mich geliebt, jetzt liebt er dich. –

GERTRUD. Er liebt mich.

GEORGINE. Und ich fühle, ich weiß, du fromme Gärtnerstochter, du liebst ihn wieder.

GERTRUD *wendet sich ab.*

GEORGINE *drohend.* Gertrud!! – Höre mich. Mit Gewalt quäle ich den Zorn, der heiß durch meine Adern rinnt, zurück zum Herzen, ich will mich bändigen, ich will dir ruhig sagen, was ich muß. – Ihn muß ich besitzen, und du stehst mir im Wege, du mußt fort aus meinem Wege, so oder so.

GERTRUD. Willst du mich töten?

GEORGINE. Nein, aber ich will dich quälen. – Ist es wahr, Mädchen, du liebst das Kind, das ich dir gegeben?

GERTRUD. Wozu fragst du so? Ich lebe für den Knaben.

GEORGINE. Wohlan, Gertrud, so nimm den Knaben und gehe fort von hier; ich bin reich, ich will dir geben, mehr als du brauchen kannst für dich, das Kind, deinen Vater, aber geh, geh, spurlos mußt du verschwinden.

GERTRUD. Ich gehe nicht.

GEORGINE. Gertrud, erbarme dich meiner! Ich will dich in Seide und Gold hüllen, ich will tun für dich, was deine Seele verlangt, ich will zu dir beten, wie zu einer Heiligen, aber weiche von meinem Wege, nimm den Knaben und geh. – *Gertrud schweigt, Georgine umfaßt ihr Knie.* Sieh, demütigen will ich mich zu jeder Bitte, so flehe ich zu dir, ehre meine Rechte auf jenen Mann. Bedenke, meine Rechte sind älter, sie sind größer als die deinen, denn sie sind durch Tränen und Sünde erkauft. Laß mir den Vater, ich schenke dir den Knaben.

GERTRUD. Steh' auf, dein Bitten rührt mich nicht. Wohl hattest du Rechte auf den Mann und seine Liebe, die höchsten, heiligsten. Ob du sie noch hast, unnatürliche Mutter, ich weiß es nicht, ich vermag es nicht zu erkennen in dieser Stunde. Das aber fühle ich klar, wenn ich dir gehorche und mit dem Knaben entfliehe aus dem Angesicht seines Vaters, so fliehe ich aus Furcht und um Geld gegen meinen Willen und den Ruf meiner Seele. Und deshalb gehe ich nicht.

GEORGINE. Gehst du nicht, so höre meine Rache. Das Kind ist mein, und kein Gesetz auf Erden kann der Mutter ihr Kind verweigern. Und gehst du nicht, so fordere ich mein Kind von dir; dann gehe ich und nehme mein Kind mit mir. Und dann, Gertrud, schwöre ich dir zu, dann werde ich vergessen, daß das Kind unter meinen Herzen gelegen hat, ich werde nur wissen, daß es sein Sohn, meines Todfeindes Sohn ist, und daß du das Kind vergötterst, du, die mich elend gemacht hat. Dann siehe zu, was ich aus eurem Liebling mache.

GERTRUD. Teufel!

GEORGINE. Werde ich das, wer hat mich so weit gebracht? – Und jetzt, Gertrud Hiller, jetzt wähle. Bleibst du hier, so verlierst du das Kind, und hast du erst den Knaben geopfert, dann steh zu, wie lange dein Buhle dir bleibt.

GERTRUD. Es ist genug, Unglückliche, höre du auch mich. Ich trotze dir und deinem Drohen. Das Kind, das du geboren, das hast du leichtsinnig, ruchlos verlassen, du hast kein Recht mehr darauf, und ich werde es verteidigen auch gegen dich, wie die Bärin ihr Junges, das sie selbst gesäugt. Meine Zukunft aber lege ich nicht in deine Hand, frei will ich bleiben von jedem Zwange, und keinem Arm will ich gestatten, mich fortzustoßen von dem Wege, den ich mir selbst finde. Dich aber und deine Feindschaft fürchte ich, doch ich weiche ihr nie und nirgend, tue du gegen mich, was du wagst, ich werde tun, was ich darf.

GEORGINE. Du hast gewählt. Nicht lange, und es wird entschieden sein. Und so sei Krieg zwischen uns und tödliche Feindschaft für das Leben! – Gertrud Hiller, bald wirst du von mir hören. *Ab.*

GERTRUD *allein.* Das war der Wetterschlag, den du, Vater, vorhersahst. – Sie huschte fort, und mich ergreift die Angst mit eisernen Krallen. Den Knaben nehmen, als ein Opferlamm ihres Zornes nehmen, o schändlich, abscheulich! – Knabe, Johannes, erwache, sie wollen dir an das Leben, hinweg von hier, ich muß dich retten! *Ab in die Kammer.*

Zweite Szene.

Zimmer Waldemars, wie im ersten Akt. Lichter.
Box und Bediente im Hintergrund, Graf Hugo eintretend.

HUGO. Nun, Boxi wie geht es Ihrem Herrn?

BOX. Ach, Herr Graf, das ist eine traurige Verwandlung! Seit er krank von seiner Reise zurückgekehrt ist, sitzt er den ganzen Tag finster und stumm, und kümmert sich um nichts, nicht um die Pferde, nicht um die Herrschaften, welche sich melden lassen. Die Kammerfrau der Frau Fürstin kommt täglich zweimal und bringt kleine Briefe; er aber hat nur einmal darauf geantwortet, und da schrieb er die Zeilen so nachlässig hin, und es war ihm ganz gleich, was für Papier ich ihm zu dem Briefe reichte. O, es ist sehr traurig!

HUGO. So ist er noch unwohl.

BOX. Am Geist mehr, als am Körper. Aber wie es mit ihm stehen muß, können der Herr Graf daraus schließen, daß sogar ich nicht mehr sein Vertrauen genieße. Es ist ein Geheimnis dabei, wer nur reden dürfte.

HUGO. Wenn hier ein Geheimnis ist, so werden Sie begreifen, daß ich dergleichen nicht von Ihnen zuerst zu hören wünsche. Melden Sie mich Ihrem Herrn.

BOX. Da ist er selbst. *Zieht sich zurück.*

Waldemar.

WALDEMAR. Du kommst pünktlich, ich danke dir. Ich habe einige von den Freunden eingeladen, mich zu zerstreuen.

HUGO. Du siehst leidend aus.

WALDEMAR. Ich bin müde, Hugo; ich nehme mir die Freiheit, mein Leben für albern zu halten, und mich selbst für einen Schwächling oder noch Schlimmeres.

HUGO. Niemand als du selbst dürfte mir das sagen. Diese Stimmung ist Folge deiner Krankheit.

WALDEMAR. Die Krankheit war nichts, ein Mückenstich, der mir Fieber gemacht hat; aber was sie begleitete, das hat mir den Kopf zerrüttet. – O, es ist erbärmlich!

HUGO. Was ist erbärmlich, mein Freund?

WALDEMAR. Von seiner Schwester verflucht zu werden.

HUGO. Du hast ja keine Schwester.

WALDEMAR. Doch, ich hatte eine gefunden.

HUGO. Du? Und wo lebt sie?

WALDEMAR. Sie verkauft Blumen. Doch dein aristokratischer Sinn könnte sich darüber ärgern, hinweg damit! – Wein her! Wir wollen suchen die Sache zu vergessen. – Hugo, wir feiern heut meine Genesung.

HUGO. Und doch sehe ich, daß du sehr krank bist.

WALDEMAR. Nicht doch, Freund, es ist nichts, als das mißtönende Geklirr einiger Saiten, die in diesem Instrument schlaff geworden sind. Wein und Zerstreuung werden den Schaden ausbessern. – Ich hoffe dir eine Komödie vorzuspielen.

Randor.

Guten Abend, Randor; kommt Udaschkin?

RANDOR. Ich weiß nicht. Was hast du mit dem Vielfraß? Er ist seit deiner Krankheit ganz verändert, zerstreut und trübsinnig. Wenn es möglich wäre, daß er noch etwas anderes lieben könnte, als ein Austernfrühstück, so müßte man glauben, daß du die Ursache seines Grames bist.

HUGO. In der Tat hat er täglich unter den Anfragenden seine Karte selbst hergetragen.

RANDOR. Entweder hast du ihm einen Liebestrank eingegeben, oder du hast eine Sorte Wein im Keller, die er austrinken will, bevor du stirbst, und um die hat er sich gegrämt, das ist noch am wahrscheinlichsten.

HUGO. Oder er hat ein Duell annehmen müssen.

RANDOR. Nein, das würde er schon oft erzählt haben. Aber vielleicht hat er sich mit seinem Koch geprügelt, der Koch soll ihn manchmal schlagen.

WALDEMAR. Ich glaube den Grund seiner Krankheit zu kennen. – Randor, wenn wir beisammen sind, läßt du wohl ein Kartenspiel anfangen, es greift mich am wenigsten an.

Henry und noch zwei Herren.

Ah, Henry, bringst du den Udaschkin?

HENRY. Er kommt, aber es hat Mühe gekostet, er hatte keine Lust heut auszugehen, wie er sagte; er spricht von seiner Abreise.

WALDEMAR. So? Lieber Hugo, ihr Freunde, noch schnell eine Bitte. Versprecht mir stets zu schweigen über alles, was Udaschkin und ich hier etwa zusammen sprechen.

RANDOR. Wie du willst, er wird ohnedies langweilig.

WALDEMAR. Gebt mir eure Hand, abgemacht! Ah, da ist er.

Udaschkin.

Mein Fürst, ich bin glücklich, daß Sie den Tag meiner Genesung feiern helfen, und ich rechne Ihr Kommen hoch an, denn ich höre, auch Sie sind leidend gewesen.

UDASCHKIN *aufgeregt.* In der Tat, ich fühle mich nicht wohl, allerlei Privatärger und Familientrauer. *Waldemar vorführend.* Nehmen Sie zuerst mein wärmstes Bedauern über den Unfall, der Sie betroffen hat. – Sie haben nicht allein gelitten, meine Schwägerin ist untröstlich. Sie wissen, daß ich etwas gespannt mit ihr stehe, aber ihre Angst ist so groß, daß sie sogar mich rührt. Sie sollten Ihre Freunde nicht so vernachlässigen, denn sie hat ohnedies Sorgen genug. Denken Sie, mein teurer Graf, zwei ihrer Domestiken sind verschwunden und nach ihrer Flucht ist eine solche Menge von Unterschleif und Nichtswürdigkeiten zu Tage gekommen, daß die Fürstin vor Schreck ohnmächtig wurde, von solchen Banditen umgeben zu sein.

WALDEMAR. Was Sie sagen! Entflohen, zwei Diener der Frau Fürstin! Das ist auffallend. Ich sage Ihnen gelegentlich, weshalb diese Flucht auch mir ein Rätsel löst. Doch jetzt gehören Sie unsern Freunden. – Wein her! – *Bediente präsentieren.* Was tun wir, die Zeit zu töten?

HUGO. Laßt uns plaudern und medisieren.

HENRY. Oder mit Pistolen nach der Scheibe schießen.

WALDEMAR. In einer Krankenstube? das wäre sehr rücksichtsvoll.

HENRY. Nun, es ist nicht das erstemal, dort in der Tür steckt noch der Scheibennagel.

RANDOR. Nein, das ist nichts, bei Kerzenlicht schieße ich nicht um Geld. – Aber was quält ihr euch, Nichtswürdiges auszudenken? Nehmt die Karten, das ist offenbar das Ruchloseste von allem.

ALLE. Ja, gut, wir spielen.

WALDEMAR. Meinetwegen – Tisch und Karten! – *Ein Spieltisch wird hereingesetzt.* Mir erlaubt ihr, vom Sofa aus mitzuspielen. – Randor, setze für mich. *Gibt ihm eine Tasche.* Wer nimmt die Bank?

RANDOR. Udaschkin, das Glückskind, es ist sein Amt.

UDASCHKIN. Heut nicht. Nehmen Sie die Karten, Baron.

RANDOR. Ich kann nicht, ich bin ja Waldemars Vormund; es hilft Ihnen nichts, nehmen Sie, Udaschkin.

UDASCHKIN. Ich tu' es heut ungern. *Sie gruppieren sich am Spieltisch.*

RANDOR. Wie stark die Bank? Bei Euch, mein Fürst, muß man das fragen.

UDASCHKIN. Die Brieftasche hier und was ich sonst habe.

RANDOR. Gut, das lass' ich mir gelten. *Sie spielen.*

WALDEMAR *der sich auf das Sofa gesetzt.* Da kleben sie fest am Geld, wie ein Haufe Fliegen am Zucker, ein zweckloses, unnützes Geschlecht, ohne Mark im Rücken, mit sehr geringer Wärme im Herzen.

RANDOR. Welche Karte willst du setzen, Waldemar?

WALDEMAR. Fünfzig Louis zur Sieben. – Randor, Henry, sie alle, was sind sie mir, und was bin ich ihnen? Schlechte Gefährten einer wilden Trunkenheit; mir ist, als hätt' ich einen Rausch ausgeschlafen, und die bleichen Gesichter der Genossen starren mich an, wie Larven.

RANDOR. Gewonnen, Waldemar!

WALDEMAR. Laß stehen. – Und was soll aus mir werden? Unsinnige Frage. Was kann aus mir werden? Nichts mehr, ich bin fertig gekocht durch den Sonnenschein des Lebens, ja ich fange bereits an, einen kleinen Beigeschmack von Fäulnis zu bekommen.

RANDOR. Gewonnen, Waldemar!

WALDEMAR. Laß stehen. – Ich sehe mich allein, allein, wohin ich blicke, eine grauenvolle Öde. Keine Tätigkeit lockt mich, es ist alles sehr unnütz und zwecklos. Ich fühle mich ohne Willen, wie gebannt glotze ich dumpf und schläfrig in eine ewige Finsternis, ohne Interesse, ohne Leben, o es ist kläglich, kläglich. *Legt das Haupt auf den Tisch.*

RANDOR. Wieder gewonnen, Waldemar! Er hört nicht – das Ganze zur Dame – *huit et madame* – Bei Gott, sechshundert Louisdor gewonnen, Waldemar!

UDASCHKIN. Die Taille ist zu Ende. Sie haben Glück, Herr Graf.

WALDEMAR. Wein her! Ich habe stets im Anfange Glück, um zuletzt Unglück zu haben. *Bediente präsentieren, alle außer Udaschkin treten zu Waldemar.*

RANDOR. Die Bank hat viel verloren.

WALDEMAR *der Udaschkin beobachtet, sieht, wie Udaschkin heimlich ein Spiel Karten aus der Tasche zieht und verwechselt.* Er will sein Glück verbessern, er wird jetzt falsch spielen. Seltsamer Gesell, er ahnt, daß ich ihm Unheil brüte, und doch flattert er wie eine Motte in die heiße Versuchung.

RANDOR. Die zweite Taille beginnt. Worauf soll ich setzen, Waldemar?

WALDEMAR. Auf den König.

RANDOR. Wie viel?

WALDEMAR. Alles, was ich dir gab.

RANDOR. Teufel, das ist grob! Jetzt, mein Fürst, hütet die Bank. *Dem Spiel folgend. Trois et deux – quatre et madame – roi et valet.* Alles ist verloren, Waldemar.

WALDEMAR. Gut, fange auf, Randor. *Wirft ihm eine Börse zu.*

RANDOR. Was soll ich setzen?

WALDEMAR. Die Börse zum König. *Tritt an den Tisch; kurze Pause, in welcher weiter gespielt wird; Waldemar ruhig fragend.* Mein Fürst, seit wann haben Sie eine Nähterin zur Geliebten?

UDASCHKIN *innehaltend.* Wie so? Was meinen Sie damit, Herr Graf?

WALDEMAR. Weil Ihre Karten durchstochen sind. *Alle springen auf.*

ALLE. Durchstochen?

WALDEMAR *die Taille ergreifend.* Hier, hier und hier, der ganze Talon mit Stichen bezeichnet, dies sind falsche Karten, der Bankier hat falsch gespielt.

Alle treten schweigend auf eine Seite, der Fürst steht allein. Pause.

WALDEMAR *ihm artig Brieftasche und Banknoten präsentierend.* Hier, gnädiger Herr, Ihre Kasse und Ihr Gewinst. Mein Wagen steht bereit, Sie nach Hause zu bringen. Meine Freunde sind Männer von Ehre, sie haben ihr Wort gegeben, über alles, was hier vorgegangen, zu schweigen.

UDASCHKIN. Ich frage den Teufel nach euch allen. *Ab.*

WALDEMAR. Ihm nach, Hugo! Nimm dies kleine Messer, ich fand es damals, als ich erkrankte, zwischen meinen Rippen und den Falten des Mantels, es gehört dem Fürsten; gib es ihm zurück gegen die Papiere, welche hier angegeben sind. *Gibt ihm einen Zettel.* Die Papiere sende morgen früh unter Kuvert zur Frau Fürstin. Eile, Hugo. *Hugo ab.*

RANDOR. Mir ist, als hätte der Blitz vor uns eingeschlagen. – Das war eine häßliche Komödie, die du mit uns gespielt hast Waldemar.

WALDEMAR. Das ganze Leben ist eine häßliche Komödie. – Ich bin müde, meine Herren. Gute Nacht.

RANDOR. Gute Nacht. – *Randor, Henry, Gäste ab.*

Box an der Tür.

WALDEMAR. Schaffe die Lichter fort, laß mich allein. *Box mit Lichtern ab.*

WALDEMAR *allein, schenkt sich Wein in das Glas.* Umsonst, auch der Wein widert mich an. Jeder Genuß wandelt sich vor meinen Lippen in das Gegenteil. Wie Tantalus stehe ich mitten in der Flut, und die Wasser gurgeln zur Tiefe rings um meinen dürstenden Mund, und die Früchte über meinem Haupte schnellen in die Höh', so oft ich danach greife. Das wird mir unheimlich! Zuerst erhalte ich statt eines Rendezvous einen Messerstich; ich trete von da hinein in das ruhige Glück ehrlicher Leute, und meine bloße Gegenwart bringt ihnen Schmerzen, Elend und Schande; ich gewinne ein Mädchen lieb, nicht mit den Augen, sondern endlich einmal recht schlechtweg von Herzen, und dasselbe Geschöpf Gottes flucht mir augenblicklich dafür und jagt mich von sich, wie man einen Hund von der Schwelle jagt, und wie ein Hund gehe ich auch. Das ist sehr seltsam! – Bah! Albernheit ist's, Blödsinn, krankhafte Schwäche! Und wer ist sie, das arme, unwissende Ding, diese Gärtnerstochter? Könnte ich sie nur verachten, mir würde besser. – Ich kann nicht, ich kann nicht! Die klare, sichere Empfindung, ihr jungfräuliches Vertrauen, es hat mich gefesselt an Arm und Bein, ich stecke in der Schlinge, wie eine erwürgte Drossel. – Ich will zu ihr – ich kann nicht beten, nicht schwören, nicht die Hände ringen, aber ich kann ihr sagen, daß mir in der Welt an nichts mehr etwas gelegen ist, nur an ihrer Vergebung. – *Kommt zurück.* Tor, selbstsüchtiger Tor! Deine Nähe vergiftet, dein Gruß bringt ihr Verderben! Und kann selbst sie mich gesund machen? Ich wette, sie kann's nicht. Der Hauch ihres Mundes hat nur zusammengeblasen, was von toter Asche in mir lag, und jetzt drückt der ganze Wust des verkohlten Lebens auf mein Herz. – Dafür gibt's keine Hilfe, auf Erden keine, keine. – *Stützt sich auf den Diwan.* Holla, wer kommt? Herein, du später Gast, du wirst einen wunderlichen Gesellschafter finden.

Georgine durch die Tapetentür links.

WALDEMAR. Wer da! Kater oder Katze? – Frau Fürstin!

GEORGINE. Vergessen Sie heut, mein Graf, daß Georgine Udaschkin ein Weib ist; denken Sie, ich sei ein Mann, ein alter Freund, welcher kommt, seine Freundesrechte in Anspruch zu nehmen. Was die Welt Rücksichten nennt, zwischen uns darf das jetzt nicht gelten. Sie haben mich einst Ihre Freundin genannt; dies Zeichen des Vertrauens *Den Schlüssel zeigend.* ich habe es bewahrt! Ich komme zu Ihnen, um Vertrauen und Mitteilung zu fordern, von einem Kranken zu fordern, der sich selbst verloren hat.

WALDEMAR. Bei Gott, ein hochherziges Weib, und von ihr habe ich das nicht verdient.

GEORGINE *launig.* Ohne Umstände, lieber Graf, *Ihn zum Sitzen auf den Diwan einladend und sich komisch auf eine Fußbank kauernd.* ich heiße diesen Abend George und bin Ihr Trinkbruder, ohne Umstände, setzen Sie sich. – Sie rühmten einst meine fröhliche Laune, ich komme, sie Ihnen zu beweisen. Einen Anbeter habe ich in Ihnen verloren, *bon!* es tut gar nichts, ich bin liebenswürdiger als Freund, wie als Freundin. – Ich komme, Sie zu zerstreuen, Ihre Melancholie durch kleine Malicen wegzuplaudern, meinetwegen auch Sie in den Schlaf zu reden.

WALDEMAR *ihre Hand fassend.* Und doch zittert Ihre Hand und Ihr Auge blickt unstet, auch Ihre Fröhlichkeit hat einen trüben Bodensatz um meinetwillen.

GEORGINE. So? Und rechnen Sie das Wegstück für nichts, bei einem so berüchtigten Korsaren einzudringen? Sie sollen merken, Graf Waldemar, daß der zitternde Ton meiner Stimme der einzige Überrest weiblicher Schwäche ist. – Und jetzt plaudern wir, schnell, damit Sie dies hypochondrische Gesicht verlieren. Erst werde ich Sie gesund machen, dann sollen Sie mit mir reisen.

WALDEMAR. Und wohin?

GEORGINE. Altfränkische Frage, in die Welt. Ich werde sehr leichtsinnig sein; niemand soll mich begleiten, als mein Windspiel Puck, der mir das Liebste auf Erden ist, dann Graf Waldemar, den ich manchmal wohl leiden mag, meine Kammerfrau, die ich in das Gesicht kratze. – Ich entführe Sie – prächtig! ich entführe Sie geheimnisvoll, und während die unbehilflichen, groben Menschen hier im Lande noch starr sind vor Entsetzen, ziehe ich Sie neckend über Berg und Tal, als ein Schmetterling, der eine Brummfliege reisen lehrt.

WALDEMAR *mit Empfindung.* Liebe Georgine!

GEORGINE *zärtlich.* So müssen Sie mich ansehen, in dem Blick liegt doch etwas Menschliches.

WALDEMAR *ihr Haar berührend.* Ein Schmetterling, das Gleichnis paßt.

GEORGINE *vorwurfsvoll.* Schwerfälliger, trüber Gesell! *Sie wendet sich zu ihm und streckt die Arme nach ihm aus, die dunkle Hülle gleitet von ihren Schultern, zärtlich.* Waldemar!

WALDEMAR *der sich zu ihr niederbeugt, hält an, starr.* Still, woher der Ton? Den habe ich schon sonst gehört.

GEORGINE. Was hast du?

WALDEMAR. Es war nichts. Meine Sinne sind schwach und meine Phantasie riecht selbst aus Rosen den Leichenduft. O sprich weiter, du schöne Fee!

GEORGINE. Waldemar, geliebter Mann!

WALDEMAR. Horch, da tönt's wieder, wie aus dem Grabe klingt die Stimme, sie ruft alte, klägliche Erinnerungen wach. – Laß mich dein Antlitz sehen! *Starrt sie an, aufspringend, schreiend.* Ha! ich kenne dich! – Blödsinniger Tor, dies Auge sah ich schon einst, so hob sie den Arm, so wies sie die Zähne, wenn sie lachte – und ihr Kind trägt sie in einem Korbe zum Nachbar und verschwindet. Weib, wer bist du? Du bist nicht von Fleisch und Blut, ein Dämon bist du, gesandt mich zu zerstören.

GEORGINE. Erkennst du mich jetzt, Graf Waldemar?

WALDEMAR. Man kennt sich wohl endlich wieder, auch wenn man sich verändert hat. – Hahaha! Jetzt sehe ich, wie's mit meinem Leben steht; eine Schlange, die sich in den Schwanz beißt und daran krepiert. – Das Ende und der Anfang kommen zusammen, der Kreis ist geschlossen, ich bin fertig. *Wirft sich in die Rissen.*

GEORGINE *ihn schüttelnd, in Angst.* Waldemar! Waldemar, sprich zu mir, nur ein Wort! Ein Wort, Waldemar!

WALDEMAR *tonlos.* O, schöne Frau, verzeihen Sie meine Unart, aber ich bin krank auf den Tod. –

GEORGINE *beiseite.* Meine Kraft geht zu Ende, ich werde verlieren, o Qual, bittere Qual! – Laß mich so nicht von dir gehen, Waldemar! Es könnte ein Unglück werden für uns beide!

WALDEMAR *schweigt.*

GEORGINE. Du schweigst? Du wendest dich ab? – *An der Tür.* Verräter! noch einmal sollst du mir ins Auge sehen, und dann nie wieder! *Georgine ab.*

WALDEMAR *nach einer Pause.* Mein Witz ist bankrott. Ich habe oft mit andern gespielt, jetzt bin ich ein Spielball geworden, für Weiber, Kinder und – Gespenster. – Ich bin am Ende, das will erkannt sein, und danach wollen wir uns richten. Was tut's auch, daß das letzte Kapitel des Romans kläglich war! Es liegt beim Teufel nichts an der ganzen Geschichte. – *Schellt.*

BOX *beiseite.* Er ist allein!

WALDEMAR. Hole mir den Gärtner Hiller, sogleich.

BOX. Gnädiger Herr, er ist bereits hier, ich wagte nicht ihn zu melden, weil der Herr Graf allein sein wollten.

WALDEMAR. Schurke! – führ' ihn herein. *Box ab.* Auch diese Rohrdommel fängt an, die Federn gegen mich zu sträuben.

Hiller.

Ihm entgegen. Vater Hiller, willkommen in meinem Hause! Reicht mir die Hand, guter Mann; sprecht, habt Ihr einen Groll gegen mich?

HILLER. Keinen Groll, Herr Graf, aber schwere Sorge ängstigt mich und führt mich noch so spät zu Ihnen. – Die Mutter des Kindes ist zurückgekehrt.

WALDEMAR. Ich weiß es.

HILLER. Sie hat meiner Tochter gedroht, den Knaben von uns zu nehmen und ihm ein Leid anzutun. In großer Furie ist sie fortgegangen, und wir müssen jede Stunde das Ärgste erwarten. – Ich habe die Absicht, wenn der Herr Graf einverstanden sind, den Knaben mit meiner Tochter tief in das Land zu schicken, zu einer Schwester von mir. Dort mögen sie verborgen bleiben, bis ich das Grundstück verkauft habe und ihnen nachziehe.

WALDEMAR. Sie wollen fort von hier, Hiller?

HILLER *halb abgewendet.* Unser Wohnhaus wird baufällig, wir müssen ein anderes suchen.

WALDEMAR. Ich verstehe. *Mit dem Fuße stampfend.* Verflucht, da bin ich wieder! *Hastig.* Vater, ich habe ein Gut, am Gebirge, einen großen Park dabei und Gewächshäuser, dort fehlt mir ein Garteninspektor – geht hin, Vater die Luft ist gesund, es ist ein sicherer Ort, geht, Vater! Ich komme nur einmal im Jahre hin – ihr schüttelt mit dem Kopf? – Ich will gar nicht hinkommen, Vater, nie, nie, ich will's euch zuschwören!

HILLER *sich zum Gehen wendend.* Ich danke, Herr Graf, Sie meinen es gut, aber es geht nicht. Gute Nacht, Herr Graf.

WALDEMAR. Geht noch nicht, Hiller! Sagt mir, was macht Gertrud, wie sieht es mit dem Knaben?

HILLER. Sie sitzen in der Stube Ihres Türstehers und erwarten meine Rückkehr, Gertrud fürchtete sich, allein zu Haus zu bleiben.

WALDEMAR. So gehen Sie, Hiller. Morgen in der ersten Frühe komme ich selbst, oder ich sende Ihnen einen zuverlässigen Mann, der Ihnen helfen wird, wo Sie wünschen. Und noch eine Bitte: erlauben Sie mir eine Unterredung mit Ihrer Tochter?

HILLER. Mit meiner Tochter? – Sie wird kommen, Herr Graf.

WALDEMAR. Leben Sie wohl, Hiller! *Hiller ab.* Der Gram sitzt in seinen Zügen! Alles meine Arbeit! – Auch dies Letzte wird vergeblich sein. *Er sieht nachdenkend.*

Gertrud.

Weich. Gertrud!

GERTRUD *geht bewegt auf ihn zu, reicht ihm eine Hand, dann die andere.* Ich bin heftig gegen Sie gewesen, verzeihen Sie mir das! – *Stützt ihr Haupt auf seine Schulter.* Ich hatte damals gehört, Sie liebten eine andere, das hat mich zornig gemacht, nachher hat mir's sehr leid getan. Als aber heut die Fremde bei mir war, sagte sie mir höhnend: Sie wären mir gut, und ich, ich liebte Sie wieder. Da erkannte ich, wie es mit mir stand. – Ich muß Ihnen alles sagen, wie es gekommen ist, denn der Vater erwartet mich, wir müssen scheiden, und ich sehe Sie niemals, niemals wieder! Und so dachte ich mir, die letzten Worte, die Sie von mir hörten, sollten diese sein. – Leben Sie wohl, ich werde immer an Sie denken.

WALDEMAR *wendet sich schweigend ab, verbirgt das Gesicht, Pause.* Und Sie müssen gehen, Gertrud?

GERTRUD. Ich muß.

WALDEMAR. Ich bin sehr krank, Gertrud.

GERTRUD *weich.* Ich habe gehört, lieber Bruder.

WALDEMAR. Und was soll ich tun?

GERTRUD. Sie sind wohl jetzt bitter und feindlich gegen Welt und Menschen, aber Sie müssen bereuen, was Sie Unrecht getan haben, und still und gefaßt tragen, was aus alter, wilder Zeit auf Sie fällt von Pflichten und Schmerzen. Sie müssen dafür leben, das gut zu machen, was sie versehen haben.

WALDEMAR *lebhaft.* Nein, Mädchen, was du sagst das kann ich nicht, ich kann nicht den Kopf hängen und seufzen: zehn Menschen habe ich unglücklich gemacht, zwanzigen muß ich jetzt helfen; solches Barfüßerleben kann ich nicht führen, ich kann nicht leben, wenn die Gegenwart mir nichts ist, als ein umgewendeter Magen der Vergangenheit, solch schwindsüchtige Resignation ist nichts für mich. Soll ich leben, so muß ich tüchtig leben auf meine Faust; zu jedem Unrecht, das ich je getan, muß ich sagen können: ich habe dich getan, ich tu's nicht wieder, und damit abgemacht; keck und freudig muß ich leben können auf frische Rechnung; nur dazu hier sein, um alte Schulden zu bezahlen, das kann ich nicht.

GERTRUD. Weil Sie das nicht wollen, deshalb quält Sie jetzt die alte Schuld.

WALDEMAR. Ja, beim Teufel, das tut sie, aber das muß ich ändern. – *Sie vorführend, rasch.* Gertrud, könntest du dir denken, an meiner Seite zu leben?

GERTRUD *erschrickt.*

WALDEMAR. – Alles mit mir zu teilen, was ich mein nenne? Namen, Stand, Reichtum, alles will ich dir geben.

GERTRUD *liebevoll.* Können Sie mir etwas Größeres geben, als was ich Ihnen dafür wiedergebe, meine Liebe? Es gibt ja nichts auf der Welt, was mir mehr wert ist. – Was Sie mir sagen, sehr hold klingt es in mein Ohr – aber es kann nicht sein, es ist unmöglich. Zu ungleich sind wir im Herzen, Sie wollen mich nehmen, wie der Kranke eine Medizin nimmt, um gesund zu werden, und ich würde das wohl fühlen, und das könnte ich nicht ertragen. Und dann, als die Fremde bei mir war, da sah ich, daß etwas zwischen uns steht, wie ein Schatten, ich weiß nicht, was es ist aber es hält mich fern von Ihnen. – Und so kann's nicht sein, daß wir zwei zusammen kommen auf dieser Erde.

WALDEMAR. So geh' dahin, und lebe, wie du kannst. Weißt du ein Mittel, die Wunden zu heilen, die ich dir geschlagen?

GERTRUD. Ich werde arbeiten, und immer werde ich an Sie denken.

WALDEMAR. Gehe, Gertrud.

GERTRUD *ihn küssend.* O, lebe wohl, der erste und der letzte Kuß, lebe wohl! *Ab.*

WALDEMAR *klingelt.*

Box.

WALDEMAR. Welche Zeit ist?

BOX. Um Mitternacht.

WALDEMAR. Fahre zum Grafen Hugo, ich lasse ihn bitten, mich sogleich zu besuchen. Dann eilst du zu meinem Notar, auch dieser soll kommen und Zeugen mitbringen, es wird einer sein Testament machen.

Fünfter Akt.

Szene.

Gärtnerwohnung. Zimmer wie im vorigen Akt. Eine Lampe brennt.
Hans schlafend, in dem Lehnstuhl, welcher ihn verdeckt, Gertrud mit Reisegepäck beschäftigt.

GERTRUD *Sachen tragend.* Ich bin fertig und zur Reise bereit. – Hier noch das neue Wams des Kleinen, das nehme ich mit. Ich nähte daran, als er bei uns war, und ich hoffte, vor seinen Augen würde es der Hans das erste Mal tragen! *Den schlafenden Hans betrachtend.* Du unschuldiges Kind! Schlafe, du Sohn meiner Schmerzen, zum letzten Mal in dem Raum, wo deine Jugend aufblühte. – Wunderbare Fügung! Vor wenig Wochen stand ich deinem Vater gegenüber und forderte mit kindischem Hochmut seine Vaterliebe für dich, und jetzt fliehe ich mit dir vor deiner eigenen Mutter. Damals schalt ich ihn in meiner Seele, weil er deine Mutter nicht mehr im Herzen trug, und jetzt fürchte ich, daß er sie doch noch lieben könnte. – Sonst war die Träne schnell in meinem Auge, und hätte man mir erzählt, was ich selbst erlebt habe, ich hätte mich heiß und rot geweint über all das Verhängnis; und heut knüpfe ich mein Bündel zusammen und scheide von fast allem, was mir lieb ist, von dem Vaterhaus, aus der Nähe des Mannes, an dem mein schwaches Herz sehr fest hängt, und mein Auge ist trocken und mein Gemüt ist ruhig und ernst, wie ein blauer Himmel in der Nacht. Sehr bin ich verändert und ich wundere mich darüber. Mein Tuch könnte ich um mich ziehen und still durch aller Herren Länder gehen. Wie kommt das? – Man sagt, kurz vor dem Tode soll der Menschen Gemüt so werden, wie ein Wasserspiegel, alles Ufer spiegelt sich darin, und man kann hinuntersehen bis auf den Grund. – Ist mir mein Sterben nahe? – Und ist es nicht der Tod, so ist es das Leben selbst, was mich geändert hat. O ja, jetzt ahne ich, was das Leben ist.

Der Vater verweilt lange mit dem Wagen. *Das Fenster zur Seite rechts öffnend.* Schon graut der Morgen, *Sie löscht die Lampe, graues Morgenlicht im Vordergrund, der Hintergrund bleibt dunkel.* es wird kühl und der Wind erhebt sich in den Obstbäumen. *Pause, Geräusch.* Ich höre Tritte! Der Vater kommt, er bringt die Pferde. *Eilt zur Tür, öffnet.*

Vier verhüllte Diener die Tür besetzend, welche im Dunkel bleiben muß, gleich darauf Georgine.

GERTRUD *zurückfahrend.* Ha! – Wer seid Ihr? – Wehe uns, die Fremde! – *Zum Fenster.* Hilfe! Hilfe!

GEORGINE *sie hindernd.* Schweig, Törin, du rufst vergebens. – Du hast mich verraten, dafür strafe ich dich da, wo es dir und ihm am meisten weh tut. Ich komme, mein Kind zu holen!

GERTRUD. Wehe uns, wir sind verloren.

GEORGINE. Wo ist das Kind?

GERTRUD. Es gehört ihm, so gut wie dir; du darfst es nicht rauben, er muß es wissen!

GEORGINE. Meinst du, ich werde ihn fragen? Die Stunde ist mein, du aber hüte dich. Halte meinen Fuß nicht auf, es wäre zum Verderben.

GERTRUD. Er schläft; Erbarmen, Erbarmen, raubt ihn nicht im Schlafe!

GEORGINE. Vorwärts!

GERTRUD *sich über den Lehnstuhl werfend.* Nur über meine Leiche!

GEORGINE *sich drohend zu ihr beugend.* Du wirst zur Leiche, wenn du mich hinderst!

Waldemar.

WALDEMAR *ernst.* Wer spielt hier am frühen Morgen mit Masken?

GEORGINE *zurücktretend.* Er selbst!

GERTRUD. Zu Hilfe, Herr Graf, sie rauben Ihren Sohn!

GEORGINE. Stellt euch zur Tür, wer herein oder hinaus will, wird festgehalten. – Sie sind zu guter Stunde gekommen, Graf Waldemar, Sie sind in meiner Gewalt.

WALDEMAR. Das käme auf eine Probe an, Frau Fürstin! *Rasch zu Gertrud tretend, welche an dem Lehnstuhl steht.* Gertrud, das Morgenlicht hat mir Mut gemacht, ich komme zu deinem Herzen zu sprechen – noch einmal frage ich dich kannst du mein Weib werden?

GERTRUD. O mein Gott!

WALDEMAR. Laß diese dich nicht irren, sprich, Gertrud!

GERTRUD *flehend.* Rette mir den Knaben und laß mich ziehen!

WALDEMAR. Und weshalb mußt du fort?

GERTRUD. Sieh jene an. – *Ausbrechend.* Waldemar, sie war ja doch dein Weib, sie hat ein Recht an dich.

WALDEMAR *weich, resigniert.* Fühlst du so, ich denke anders! Doch du bist mir wie eine Gottheit, dir muß ich glauben; du sagst es, sie soll ihr Recht haben, und ich bin am Ende. – Verzeihung, Frau Fürstin, jetzt stehe ich zu Ihren Diensten. – Sind Ihre Begleiter nötig zu der Entscheidung dieser Stunde? Es ist früher Morgen, und ich habe einigen Grund, anzunehmen, daß diese Herren für ihre Geschäfte die Abendzeit vorziehen.

GEORGINE *finster.* Sie hören Ihre Worte nicht. Es sind Leibeigene, und sie werden Sie töten, Herr Graf, wenn ich einen Wink gebe.

WALDEMAR. Ah! das wird ernsthaft. *Finster.* So hören Sie auch meinen Ernst. – Schach der Königin! Haben Sie die Gnade, diese schwarzen Bauern von unserem Schachbrette herunterzuwerfen und sich selbst zu weniger abenteuerlichen Zügen zu verstehen, sonst vergesse ich Ihre Hoheit und behandle Sie wie eine hungrige Wölfin Ihrer Wälder.

GEORGINE. Diese bleiben, du aber töte mich, wenn du es wagst. Ich will mich rächen oder sterben. Du hast meine Jugend vergiftet, hast mein Leben mit Lüge, Verstellung und Heuchelei gefüllt, hast mir zum zweitenmal Liebe gelogen, mich zum zweitenmal verraten, sprich, Ungeheuer, gibt es einen Teufel der Hölle, der schwärzer ist als du?

WALDEMAR. Hm! Es ist Natur in Ihrem Verlangen nach Rache. – Jagen Sie diese Schurken vor die Tür und ich schwöre Ihnen bei meiner Ehre, Sie sollen nicht von hier scheiden, ohne jede Rache mit sich fortzunehmen, deren Sie zur Sättigung bedürfen.

GEORGINE *weist die Diener durch eine Armbewegung hinaus.*

WALDEMAR. Wohlan! Sie wollen den Knaben fortführen aus seiner Heimat, von dem schützenden Auge seiner Pflegerin ziehen, nicht zum Heil, sondern zum Unheil, nicht aus Liebe, nur aus Haß.

GEORGINE. Er ist dein Sohn.

WALDEMAR. Und der Ihrige, und unschuldig an der ganzen Verwirrung. Sie werden dadurch das Weib bis auf den Tod verwunden, welches Ihre Freundin war und Ihr Leben erhielt, als es mit dem Verderben rang.

GEORGINE. Ich dank ihr's nicht, wir sind quitt.

WALDEMAR. All Ihr Hassen geht auf mich, mich wollen Sie züchtigen in dem Knaben, in dem Schmerz dieser.

GEORGINE. Du rechnest gut, Graf Waldemar, beeile den Schluß.

WALDEMAR. An vielem, was Ihr empörtes Gefühl in dieser Stunde mir aufbürdet, bin ich unschuldig, und vergebens suchen Sie Ihr ungewöhnliches Geschick auf mein Haupt zu wälzen. Und doch sind wir beide schuldig, Georgine. Im frechen Übermut der Jugend haben wir unser Fühlen in kurzer Verbindung vergeudet. Wohl weiß ich, daß dieses Übermutes größter Teil auf meiner Rechnung steht, wohl weiß ich, daß ich Ihr Leben gewissenlos geschädigt habe, als ich nach dem Rausch weniger Tage Sie verließ. – Sie haben deshalb ein Recht an mein Leben, ein altes, verhängnisvolles, so fühlen Sie und so sagt eine, die ich liebe. Und deshalb biete ich Ihnen einen Tausch. – Ich kann Ihrer gekränkten Empfindung nicht mehr die Sühne geben, die sonst das Weib von der Liebe des Mannes ersehnt, ich kann das Weib in Ihnen nicht mehr erkennen. Und so biete ich Ihnen die letzte Rache, die der Mann dem feindlichen Manne gewähren kann. Verkaufen Sie mir Ihr Recht auf den Sohn gegen dies Recht auf den Vater. *Zieht ein Pistol hervor.*

Lassen Sie den Knaben frei und nehmen Sie alles, was ich von meinem Leben Ihnen geben kann. – Den Vater für den Sohn! Sie zögern, Georgine, und doch spreche ich in Ihrem Ton, und ich meine, der Tausch ist nach Ihrem Geschmack.

GEORGINE. Ich zögere nicht, her das Pistol!

GERTRUD *vortretend.* Nicht weiter, ihr Schamlosen! Rasend seid ihr beide, und nur Greuel, keine Versöhnung liegt auf diesem Wege. Wollt ihr gesund machen, indem ihr tötet? Kinder, unsinnige Kinder, die ein kostbares Kleinod leichtsinnig zerbrechen, weil es ihnen nichts Besseres war, als ein Spielzeug für ihre vergängliche Laune. Nicht weiter, Waldemar, jedes Wort aus deinem Munde ist ein Frevel, und Wahnsinn ist, was euch treibt.

WALDEMAR *düster.* Aus dem Wege, Gertrud! Vergebens tönt deine Stimme in das Getöse der Wogen, die zwischen uns aufschlagen. Der Inhalt meines Lebens ist verschüttet, du hast verweigert mir einen neuen zu geben; es ist gut, so wie es ist, ich rette dir den Knaben und zahle meine Schuld gegen dich, den Knaben und jene auf einmal. – Gutes Glück, Georgine, hier nimm den Boten der Versöhnung. *Gibt ihr das Pistol.*

GEORGINE *das Pistol hastig ergreifend.* Jetzt gehörst du mir! Jahrelang habe ich gerungen nach dem Augenblick, wo ich dich in meinen Armen hielte und dir in das Ohr raunte: Waldemar, du Verräter, du bist doch mein! – Wohl ist es anders gekommen, aber ich halte dich doch in meiner Hand und rufe dir zu: jetzt bist du mein Graf Waldemar, zum Tode!

WALDEMAR *die Arme untergeschlagen.* Ich bin bereit!

GERTRUD *dazwischen stürzend.* Halt ein! Du sollst ihn nicht töten. – Hier ist dein Sohn, unnatürliche Mutter, führ' ihn hinweg! *Wirft ihr das Kind zu, es fällt vor ihr auf die Knie, Gertrud Waldemar umschlingend.* Du aber gehörst mir, und mit dir will ich sterben.

HANS *zu Georgine flehend.* Tu' mir nichts zu Leide.

GEORGINE *sieht wild und irr von einem auf den andern und versucht vergebens die Waffe anzulegen, endlich haftet ihr Blick auf dem Kind, sie zittert, das Pistol entfällt ihrer Hand, sie stürzt auf das Kind.* Mein Sohn! *Lange Pause; sie liegt das Kind umschlingend, und schluchzt, dann erhebt sie sich, küßt das Kind oft und führt es zu Gertrud.* Hier ist deine Mutter! *Verbirgt ihr Haupt an Gertruds Brust, dann bittend.* Du mußt ihm Gutes von seiner Mutter erzählen! – *Steht und hält das Taschentuch vor die Augen, dann mit schnellem Übergange in leichtem Ton.* Leben Sie wohl, Graf Waldemar, meine Wagen sind gepackt, ich gehe noch in dieser Stunde nach Paris. Wenn Sie Ihre Gartenidylle ausgespielt haben, hoffe ich Sie dort wiederzusehen, *Weich.* – als einen Freund! *Sie reicht ihm die Hand und hält die seine einen Augenblick, dann schnell ab.*

GERTRUD *sich zu Hans niederbeugend.* Hans, mein Sohn, verzeihe mir, ich habe dich verraten.

WALDEMAR *ihr gegenüber, ernst.* Und für den Vater deines Sohnes hast du kein Wort, Gertrud?

GERTRUD *scheu, leise.* Sie haben sich töten wollen, Sie haben Unrecht getan!

WALDEMAR. War das ein Unrecht, Gertrud? Vor wenig Stunden sprachst du selbst, mein Leben sei der Buße für vergangenes Unrecht verfallen. Wenn das ist, wenn die Tage meiner Zukunft finster und freudenlos sein müssen, was schiltst du mich, daß ich mit einemmal die Forderung zahlen will, die das Verhängnis an mich hat? Was schiltst du mich, Gertrud, da du mein Leben verloren nennst?

GERTRUD. O, es war Unrecht, was ich sprach, ein Frevel war es gegen dich und Gott.

WALDEMAR. Gertrud!

GERTRUD. Als die Waffe gegen dich erhoben war, da fühlte ich erst, wie sehr groß ein Menschenleben ist, und es schrie in mir: sein Leben ist heilig, es darf nicht verloren gehen, er liebt dich, und du gehörst zu ihm in Leben und Tod. *Umarmt ihn.*

WALDEMAR. Heil dieser Stunde! Denn, Gertrud, dieses Wort macht dich zu meinem Weibe.

GERTRUD. Feierlich ist mir zu Mut, Waldemar, und in meinem Herzen ist kein Raum für die Freude.

WALDEMAR. Ich aber fühle frische Lebenslust um meine Schläfe. Weggeworfen habe ich alles, was uns trennte in der Meinung unserer Zeit, und an deiner Seite, du reines Weib, will ich die Sühne für altes Unrecht nicht in demütiger Reue finden, ich will sie finden durch ein neues Leben voll freier, gesunder Tätigkeit. Durch das Leben selbst versöhne ich mein Leben, und du, Gertrud, du bist der Engel, der mir helfen wird.

Hiller.

HILLER. Ein Fremder.

WALDEMAR. Kein Fremder mehr! *Den Knaben ergreifend.* Drei Menschen siehst du hier, die zu einem Leben zusammenwachsen wollen. Sieh her, diese will; gib mir dein Kind zum Weibe, Vater!

HILLER. Seit sieben Jahren warst du's in diesem Knaben, für den wir lebten. Heut kommst du zu uns, sei gegrüßt!